全国"七五"普法统编系列教材

"七五"普法

教师以案释法读本

以案
释法

顾昂然 ◎ 主编

中国言实出版社

图书在版编目（CIP）数据

"七五"普法·教师以案释法读本 / 顾昂然主编.
—北京：中国言实出版社，2017.4
　　ISBN 978-7-5171-2316-3

　　Ⅰ．①七… Ⅱ．①顾… Ⅲ．①案例—中国—通俗读物
Ⅳ．①D920.5

　　中国版本图书馆 CIP 数据核字（2017）第 074095 号

责任编辑：王　爽
封面设计：杨　光

出版发行　**中国言实出版社**
　　　　　地　　址：北京市朝阳区北苑路 180 号加利大厦 5 号楼 105 室
　　　　　邮　　编：100101
　　　　　编辑部：北京市海淀区北太平庄路甲 1 号
　　　　　邮　　编：100088
　　　　　电　　话：64924853（总编室）　64924716（发行部）
　　　　　网　　址：www.zgyscbs.cn
　　　　　E-mail：zgyscbs@263.net
经　　销　新华书店
印　　刷　北京义飞福利印刷厂
版　　次　2017 年 5 月第 1 版　　　2017 年 5 月第 1 次印刷
规　　格　710 毫米×1000 毫米　　1/16　　12.5 印张
字　　数　200 千字
定　　价　32.00 元　　　　ISBN 978-7-5171-2316-3

前　言

　　全民普法和守法是依法治国的长期基础性工作。深入开展法治宣传教育，是贯彻落实党的十八大和十八届三中、四中、五中、六中全会精神的重要任务，是实施"十三五"规划、全面建成小康社会的重要保障。《中央宣传部司法部关于在公民中开展法治宣传教育的第七个五年规划（2016－2020年）》指出："将法治教育纳入'中小学幼儿园教师国家级培训计划'，加强法治课教师、分管法治教育副校长、法治辅导员培训。"教师是教育过程中的主导力量，加强教师法治教育，提高教师的法律意识是未成年人健康成长的需要，是依法治校的需要，也是建设法治社会的需要。因此，广大教师作为教育工作者就更应该学法、知法、守法、用法，不断提高自己的综合素质，不断增强依法从教的意识，并把学法、知法、守法、用法的意识贯彻到自己的实际工作与生活中。

　　本书根据教师普法的特点，围绕以依法治校、宪法、教育法、教育行政执法、学校、教师、学生、教育法律救济以及校园常用法律等知识为重点展开深入详细的论述。书中内容具有信息量大，涉及面广、条理清晰，实效性强的特色并且运用具体、生动的案例形式，围绕依法治校的内涵与外延展开，尽量做到理论联系实际、通俗易懂，为广大教师及其他教育工作者提供科学、严谨的法律指导。

　　本书由全国人大常委会法制工作委员会原主任顾昂然同志担任主编，北京大学、清华大学、中国人民大学、中国政法大学等高校以及全国部分省份长期从事司法教育的专家、教授参与编写。在此，对以上参编人员付出的智慧和心血表示最衷心的感谢。书中不足之处，敬请批评指正。

编　者

目　录
CONTENTS

第九章　教师常用法律知识

第一章　全面推进依法治校

第一节　依法治校概述

一、依法治校的现状

依法治校是依法治教的重要组成部分。近年来,随着教育法制建设的逐步完善,各地依法治校工作有了一定的进展,创造了一些好的经验和具有地方特色的依法治校工作思路。但是从总体上看,学校的法治观念和依法管理的意识还比较薄弱;依法治校的制度和措施还不健全;依法治校还没有完全成为学校的自觉行为,与依法治国基本方略的要求还有一定的差距。

二、依法治校制度的完善

党的十六大指出,发展社会主义民主,建设社会主义政治文明,是全面建设小康社会的重要目标。依法治国是党领导人民治理国家的基本方略。改革开放以来,随着我国社会主义市场经济的迅速发展和社会全面进步,特别是加入世界贸易组织以后,我国社会主义民主与法制建设出现了全新的局面。认真贯彻党的十六大精神,实行依法治教,把教育管理和办学活动纳入法治轨道,是深化教育改革,推动教育发展的重要内容,也是完成新时期教育工作历史使命的重要保障。教育部于 2003 年 7 月 17 日发布《关于加强依法治校工作的若干意见》(以下简称《纲要》),2013 年 1 月 16 日又发布《全面推进依法治校实施纲要》,对师生在参与学校管理、行使监督权力、实现自我发展等方面的权益给予制度保障,强调将积极落实教师、学生的主体地位。《纲要》共分 9 个方面,全面涵盖了各级各类学校推进依法治校的目标要求和主要任务,对学校按照法治精神与原则,转变管理理念和手段、方式提出了系统要求。

三、依法治校工作的重要性和必要性

依法治校是贯彻党的十六大精神,推进依法治国基本方略的必然要求,是教育事业深化改革、加快发展,推进教育法制建设的重要内容。推进依法治校有利于推动教育行政部门进一步转变职能,严格依法办事;有利于全面推进素质教育,提高国民素质;有利于保障各方的合法权益;有利于运用法律手段调整、规范和解决教育改革与发展中出现的新情况和新问题,化解矛盾,维护稳定。

学校的根本任务是培养社会主义事业的建设者和接班人。实行依法治校,就是要全面贯彻教育方针,坚持教育为社会主义现代化建设服务,为人民服务,与生产劳动和社会实践相结合,培养德智体美全面发展的社会主义建设者和接班人。实行依法治校,就是要严格按照教育法律的原则与规定,开展教育教学活动,尊重学生人格,维护学生合法权益,形成符合法治精神的育人环境,不断提高学校管理者、教师的法律素质,提高学校依法处理各种关系的能力。实行依法治校,就是要在依法理顺政府与学校的关系、落实学校办学自主权的基础上,完善学校各项民主管理制度,实现学校管理与运行的制度化、规范化、程序化,依法保障学校、举办者、教师、学生的合法权益,形成教育行政部门依法行政,学校依法自主办学、依法接受监督的格局。

随着社会主义民主法制建设进程的加快,教育法律法规体系逐步得到完善,学校的法律地位发生了变化,学校与教育行政部门、举办者、教师、受教育者之间的法律关系出现了新的特点。理顺各主体之间的关系,解决教育活动中出现的新问题,实现教育为人民服务的宗旨,需要依法推进教育改革与发展,依法保障公民受教育权利。依法治校既是教育改革与发展的必然要求,也是实现教育为人民服务宗旨的重要保障。

第二节　依法治校的措施与领导

一、依法治校的措施

(一)转变行政管理职能,切实做到依法行政

依法行政是依法治校的前提和保障。各级教育行政部门要按照依法治教

和依法治校的要求,切实转变不适应形势需要的行政管理方式、方法,依据法律规定的职责、权限与程序对学校进行管理,切实维护学校的办学自主权;要按照行政审批制度改革的要求,精简审批项目,公开审批程序,提高办事效率;要探索综合执法机制和监督机制,依法监督办学活动,维护教育活动的正常秩序;要依法健全和规范申诉渠道,及时办理教师和学生申诉案件,建立面向社会的举报制度,及时发现和纠正学校的违法行为,特别是学校、教师侵犯学生合法权益的违法行为;积极配合有关部门开展校园及其周边环境的治理工作,依法保护学校的合法权益,为学校教育教学活动创造良好的环境。

(二)加强制度建设,依法加强管理

学校要依据法律法规制定和完善学校章程,经主管教育行政部门审核后,作为学校办学活动的重要依据。要根据法律和国家的有关规定,建立健全学校教育教学制度,保障国家教育方针的贯彻落实。要依法健全校内管理体制,国家举办的高等学校要依法实行党委领导下的校长负责制,明确学校党委、校长、校务委员会、学术委员会等各种机构的职责权限和议事规则,做到相互配合,权责统一,依法办事;中等及中等以下学校要依法健全校长负责制,完善校长决策程序,并发挥学校党组织的政治保障作用。民办学校和中外合作举办的教育机构要按照《中华人民共和国民办教育促进法》《中外合作办学条例》和国家有关规定规范办学行为,建立健全校董会、理事会或者其他决策机构的议事规则,规范决策程序。要保证学校的发展规划、章程和各项管理制度、对外签订的民事合同等符合法律的规定;完善学校内部财务、会计和资产管理制度,严格执行国家有关收费的规定,健全监督机制,依法管理好学校法人财产。对违反法律、法规规定的学校管理制度和规定,要及时修改或者废止。

(三)推进民主建设,完善民主监督

要进一步完善教职工代表大会制度,切实保障教职工参与学校民主管理和民主监督的权利,保证教职工对学校重大事项决策的知情权和民主参与权。全面实行校务公开制度,学校改革与发展的重大决策、学校的财务收支情况、福利待遇以及涉及教职工权益的其他事项,要及时向教职工公布;学校的招生规定、收费项目与标准等事项,要向学生、家长和社会公开。中小学要积极推动社区参与学校管理与监督,推进家长委员会的建立,明确家长委员会的职责,学校决策涉及学生权益的重要事项,要充分听取家长委员会的意见,接受家长委员会的监督,为家长、社区支持、参与学校管理提供制度保障。

（四）加强法制教育，提高法律素质

依法治校的关键在于转变观念，以良好的法律意识、法制观念指导学校管理和教育教学活动。教育行政部门和学校要坚持育人为本的思想，按照全国和教育系统普法规划的要求，以及教育部、司法部等四部委关于加强青少年学生法制教育工作若干意见的要求，加强对青少年学生的法制教育。要把法制课列入中小学课程，把法律知识作为高等学校、职业技术学校的必修课内容，保证做到计划、课时、教材、师资"四落实"；中小学要建立健全法制副校长或者法制辅导员制度；要积极利用多种形式和学生易于接受的方式，开展生动活泼的法制教育，营造良好的法制教育环境，使学生在潜移默化中感受法治精神，提高法律素质；学校领导要带头学习法律知识，增强法制观念，依法履行管理职责；要把法律知识作为各级各类学校校长培训、教师培训的重要内容，把具备较高的法律素质和落实教育法律法规的情况，作为校长、教师考核和学校评价的重要内容。

（五）严格教师管理，维护教师权益

教育行政部门要严格依照《中华人民共和国教师法》《教师资格条例》的规定认定教师资格。学校要依法聘任具有相应资格的教师，依法与教师签订聘任合同，明确双方的权利、义务与责任，尊重教师权利，落实和保障教师待遇。建立校内教师申诉渠道，依法公正、公平解决教师与学校的争议，维护教师合法权益。

教育行政部门和学校要加强对教师的思想政治教育、道德教育和法制教育，不断提高教师的道德水准和法律素质。加强教师管理，依法处理品质恶劣、严重侵犯学生合法权益的教师，坚决杜绝教师侵犯学生人身权的违法犯罪行为。对教师严重侵犯学生人身权的案件，学校必须及时移送司法机关查处，并向主管教育行政部门报告，依法追究责任人、校长和主管教育行政部门负责人的责任。

（六）完善学校保护机制，依法保护学生权益

学校在日常教育教学活动中要树立以人为本的理念，自觉尊重并维护学生的人格权和其他人身权益。教育行政部门和学校要牢固树立"安全第一"的意识，认真贯彻落实有关校园安全的法律及规定。要建立完善的安全管理制度，明确职责，加强对学校教学、生活、活动设施的安全检查，落实各项安全防

范措施,积极维护校园的安全与秩序;要加强对教师、学生的安全教育,实现安全教育制度化、规范化,预防和减少学生伤害事故,保护学生、教师的人身和财产安全;建立应对各类突发事件的工作预案,增强预防和妥善处理事故的能力;健全学生安全和伤害事故的应急处理机制和报告制度,不得瞒报或者漏报。

学校要健全学籍管理制度,按照有关法律的规定,严格保护学生的受教育权,中小学一般不得开除未成年学生;对学生的处分应当做到事实清楚、证据充分、依据合法,符合规定程序;建立校内学生申诉制度,保障学生申诉的法定权利。高等学校依法对学生做出处分决定应当经过校长办公会议讨论通过,保障学生的知情权、申辩权,并报主管教育部门备案。

二、加强对推进依法治校工作的领导

依法治校涉及学校工作的各个方面,是一项系统工程,是教育改革与发展的一项重要任务,需要进行长期的实践和探索。各级教育行政部门要切实加强领导,把推进依法治校作为促进教育行政部门转变职能,改进工作作风,提高依法行政水平,推进依法治教进程的一项基础性工作,予以高度重视。教育行政部门要充分发挥法制工作机构在推进依法治校工作中的作用,由法制工作机构会同其他部门建立本地区依法治校工作的政策指导、组织协商、检查评估的协调机制,保证教育行政部门各职能机构自觉按照依法行政的要求,履行对学校的管理职责,规范管理行为,形成推进依法治校工作的合力。

各级各类学校要转变管理理念,明确依法治校的基本原则,制定推进依法治校的工作规划和目标;明确校内职能机构、工作岗位的职责与任务,形成各司其职,各负其责,全方位推进依法治校的工作格局,不断提高学校管理水平,促进学校发展。学校要通过聘请法律顾问或建立法制工作机构等形式,加强学校法制教育和法律服务。学校要积极配合、接受教育行政部门和其他有关部门的检查、监督,认真落实行政申诉、行政复议决定及司法判决等法律文书中的义务,维护当事人的合法权益。

推进依法治校要根据不同层次、不同类型学校的特点,结合本地的实际情况,分步实施、分类指导,不断总结经验,逐步推进,成为深化教育管理体制改革、推进素质教育的推动力。教育行政部门应当积极推广依法治校典型,宣传依法治校的先进经验,推动依法治校水平的不断提高,保障教育改革和发展。

第三节　全面推进依法治校实施纲要

为贯彻落实党的十八大精神,进一步推动《国家中长期教育改革和发展规划纲要(2010－2020年)》实施,在各级各类学校深入贯彻科学发展观,全面落实依法治国要求,大力推进依法治校,建设现代学校制度,制定本实施纲要。

一、全面推进依法治校的重要性与紧迫性

（一）深刻认识全面推进依法治校的重要性

当前,随着社会主义民主法治和政治文明建设的推进,教育改革的不断深化,各级各类学校的发展环境、发展理念、发展方式正在发生深刻变化,迫切需要全面推进依法治校、加快建设现代学校制度。推进依法治校,是学校适应加快建设社会主义法治国家要求,发挥法治在学校管理中的重要作用,提高学校治理法治化、科学化水平的客观需要;是深化教育体制改革,推进政校分开、管办分离,构建政府、学校、社会之间新型关系,建设现代学校制度的内在要求;是适应教育发展新形势,提高管理水平与效益,维护学校、教师、学生各方合法权益,全面提高人才培养质量,实现教育现代化的重要保障。

（二）深刻认识全面推进依法治校的紧迫性

《教育部关于大力加强依法治校工作的通知》发布以来,各地和学校普遍重视学校章程和制度建设,加强校长和教师法制培训,积极创建依法治校示范学校,探索了不少成功的经验,依法办学和依法管理的意识和能力明显提高。但是,与教育改革发展的新形势、新任务相比,与全面推进依法治国的新要求相比,依法治校还存在较大差距,主要体现在:工作进展不平衡,一些地方和学校对推进依法治校认识还不到位,制度不健全;一些人民群众反映强烈的违法办学、违规招生、违规收费等问题在个别地区和学校还不时发生;学校管理者和教师运用法律手段保护自身权益、依法对学生实施教育与管理的能力、意识还亟待提高,权利救济机制还不健全;政府教育管理职能转变还未完全到位,部分教育行政管理人员依法行政意识和能力还不强。这些问题的存在,在一定程度上影响了国家教育方针的贯彻落实,影响到教育科学发展与深化改革的进程。解决以上问题,必须进一步深化教育改革,加快转变政府职能,全面

加快推进依法治校。

二、全面推进依法治校的指导思想和总体要求

（一）全面推进依法治校的指导思想

全面推进依法治校，必须以中国特色社会主义理论为指导，坚持社会主义办学方向，弘扬和践行社会主义核心价值体系，将坚持和改善学校党的领导与学校的依法治理紧密结合起来；必须全面贯彻国家教育方针，把立德树人，培养德智体美全面发展的社会主义建设者和接班人作为学校教育的根本任务，全面提高校长、教职工和学生的法律素质，加强公民意识教育，培养社会主义合格公民；必须坚持以人为本，依法办学，积极落实教师、学生的主体地位，依法保障师生的合法权利；必须切实转变管理理念与方式，提高管理效率和效益，为全面推进依法治国和全面实现教育现代化打下坚实的基础。

（二）全面推进依法治校的总体要求

学校要牢固树立依法办事、尊重章程、法律规则面前人人平等的理念，建立公正合法、系统完善的制度与程序，保证学校的办学宗旨、教育活动与制度规范符合民主法治、自由平等、公平正义的社会主义法治理念要求；要以建设现代学校制度为目标，落实和规范学校办学自主权，形成政府依法管理学校、学校依法办学、自主管理，教师依法执教，社会依法支持和参与学校管理的格局；要以提高学校章程及制度建设质量、规范和制约管理权力运行、推动基层民主建设、健全权利保障和救济机制为着力点，增强运用法治思维和法律手段解决学校改革发展中突出矛盾和问题的能力，全面提高学校依法管理的能力和水平；要切实落实师生主体地位，大力提高自律意识、服务意识，依法落实和保障师生的知情权、参与权、表达权和监督权，积极建设民主校园、和谐校园、平安校园。

三、加强章程建设，健全学校依法办学自主管理的制度体系

（一）依法制定具有自身特色的学校章程

学校起草制定章程要遵循法制统一、坚持社会主义办学方向的基本原则，以促进改革、增强学校自主权为导向，着力规范内部治理结构和权力运行规则，充分反映广大教职员工、学生的意愿，凝练共同的理念与价值认同，体现学校的办学特色和发展目标，突出科学性和可操作性。高等学校要依据《高等学

校章程制定暂行办法》制定或者修改章程,由教育部或者省级教育行政部门核准;普通中小学、幼儿园、中等职业学校章程,由主管教育行政部门核准。到2015年,全面形成一校一章程的格局。经过核准的章程,应当成为学校改革发展、实现依法治校的基本依据。

（二）提高制度建设质量

学校制定章程或者关系师生权益的重要规章制度,要遵循民主、公开的程序,广泛征求校内外利益相关方的意见。重大问题要采取听证方式听取意见,并以适当方式反馈意见采纳情况,保证师生的意见得到充分表达,合理诉求和合法利益得到充分体现。要依据法律和章程的原则与要求,制定并完善教学、科研、学生、人事、资产与财务、后勤、安全、对外合作等方面的管理制度,建立健全各种办事程序、内部机构组织规则、议事规则等,形成健全、规范、统一的制度体系。章程及学校的其他规章制度要遵循法律保留原则,符合理性与常识,不得超越法定权限和教育需要设定义务。学校章程和规章制度,应当加以汇编并公布,便于师生了解、查阅。有网络条件的,应当在学校网页上予以公开。涉及师生利益的管理制度实施前要经过适当的公示程序和期限,未经公示的,不得施行。

（三）建立规范性文件审查与清理机制

学校要设立或者指定专门机构,按照法制统一的原则,对校内规章制度进行审查。对与上位法或者国家有关规定相抵触,不符合学校章程和改革发展要求,或者相互之间不协调的内部规范性文件和管理制度,要及时修改或者废止,保证学校的规章制度体系层次合理、简洁明确、协调一致。要建立规范性文件核管理制度定期清理制度,清理结果要向师生公布。新的教育法律法规、规章或者重要文件发布后,要及时对照修订校内相应的规章制度。

四、健全科学决策、民主管理机制,完善学校治理结构

（一）依法健全科学民主决策机制

要依法明确、合理界定学校内部不同事务的决策权,健全决策机构的职权和议事规则,完善校内重大事项集体决策规则,大力推进学校决策的科学化、民主化、法治化。要进一步加强和改善党对学校的领导,按照《中国共产党高等学校基层组织工作条例》,在公办高等学校完善党委领导下的校长负责制;在中小学、民办学校充分发挥基层党组织的政治核心作用。依法明确高等学

校党委会、校长办公会的职权范围和决策规则,发挥学术委员会、学校理事会(董事会)等组织在决策中的作用;中小学要健全校长负责制,建立有教师、学生及家长代表参加的校务委员会,完善民主决策程序;职业学校要建立有行业企业人员参加的学校理事会或董事会,形成校企合作决策机制;民办学校和中外合作办学机构要健全学校董事会或者理事会的议事规则,依法按期开会履行法定职责。健全决策程序。有关学校发展规划、基本建设、重大合作项目、重要资产处置以及重大教育教学改革等决策事项,应当按照有关规定,进行合法性论证,开展合理性、可行性和可控性评估,建立完善职能部门论证、邀请专家咨询、听取教师意见、专业机构或者主管部门测评相结合的风险评估机制。要以教学、科研为中心,积极探索符合学校特点的管理体制,克服实际存在的行政化倾向,实现行政权力与学术权力的相对分离,保障学术权力按照学术规律相对独立行使。

(二)完善决策执行与监督机制

要在学校内形成决策权、执行权与监督权既相互制约又相互协调的内部治理结构,保证管理与决策执行的规范、廉洁、高效。按照精简、高效的原则和为教师、学生提供便利服务的要求,自主设置职能部门,明确职能部门的职责、权限与分工,健全重要部门、岗位的权力监督与制约机制,完善预防职务犯罪和商业贿赂的制度措施。除依法应当保密或者涉及学校特定利益需要保密的事项外,决策事项、依据和结果要在校内公开,允许师生查阅。在重大决策执行过程中,学校要跟踪决策的实施情况,通过多种途径了解教职员工及有关方面对决策实施的意见和建议,全面评估决策执行效果,并根据评估结果决定是否对决策予以调整或者停止执行。公办学校因违反决策规定、出现重大决策失误、造成重大损失的,要按照谁决策、谁负责的原则追究责任。

(三)完善民主管理和监督机制

要落实《学校教职工代表大会规定》,充分发挥教职工代表大会作为教职工参与学校民主管理和监督主渠道的作用。学校专业技术职务评聘办法、收入分配方案等与教职工切身利益相关的制度、事务,要经教职工代表大会审议通过;涉及学校发展的重大事项要提交教职工代表大会讨论。要扩大教职工对学校领导和管理部门的评议权、考核权。要积极拓展学生参与学校民主管理的渠道,进一步改革完善高等、中等学校的学生代表大会制度,推进学生自主管理。制定涉及学生利益的管理规定,要充分征求学生及其家长意见。要扩大有序参与,加强议事协商,充分发挥教职工代表大会、共青团、学生会等群众组织在民主决策机制中的作用,积极探索师生代表参与学校决策机构的机制。

(四)建立中小学家长委员会制度

中小学、幼儿园应当逐步建立健全家长委员会制度。家长委员会承担支持教育教学工作、参与和监督学校管理、促进学校与家庭沟通、合作等职责,其成员应当由全体家长民主选举产生。学校应当提供必要条件,保障家长委员会对学校、教师的教育教学、管理活动实施监督,提出意见、建议;应当定期与家长委员会成员进行沟通,听取意见。学校实施直接涉及学生个体利益的活动,一般应由学校或者教师提出建议和选择方案,并做出相应说明,提交家长委员会讨论,由家长自主选择、做出决定。要积极探索完善家长委员会的组织形式和运行规则,不断扩大家长对学校办学活动和管理行为的知情权、参与权和监督权。

(五)依法健全社会参与机制

要积极探索扩大社会参与学校办学与管理的渠道与方式。中小学要加强与所在社区的合作,积极开展社区服务,创造条件开放教育资源和公共设施,参与社区建设,完善与社区、有关企事业组织合作共建的体制、机制。健全兼职法制副校长的聘任办法和任职要求,探索借助社会资源和力量,加强学校安全管理、开展法制和其他有针对性的教育教学活动,改善学校周边环境。职业学校、高等学校要积极扩大社会合作,在决策咨询、教学科研、安全管理、学生实习实践等方面更多引入社会资源,健全制度,扩大社会参与的广度与深度。

五、依法办学,落实师生主体地位,形成自由平等公正法治的育人环境

(一)依法组织和实施办学活动

学校办学活动应当以育人为本,全面贯彻党和国家教育方针,切实依法规范办学行为,全面执行国家课程方案和课程标准,注重教育教学效果,形成良好的校风、教风和学风。要严格依法依规招生,建立内部制衡机制和社会监督机制,保证招生制度、选拔机制的公平、公正,招生活动的规范、透明。学校不得违背法律原则和国家有关规定,擅自设立有区别的招生条件或规则。要健全教育教学管理制度,在专业设置、课程安排、教材选择等环节建立评估机制,建立教学质量的评估和反馈机制。要依据有关规定,完善管理制度,对学校内设机构开展或者参与经营性培训活动进行规范,保证不影响学校正常的教育教学活动。要落实教师职业道德规范,明确教师行为规则,坚决杜绝教师违反法定义务和国家规定,利用自身特定职权谋取不当利益的行为。

(二)依法建设平等校园环境

大力弘扬平等意识,在体制和制度上落实和体现师生平等、性别平等、民族平等、管理者与师生平等的理念。全面落实面向每个学生、平等对待每个学生的原则,消除以不当形式对学生进行分类、区别对待以及带有歧视的制度、言行。要切实保障残疾人的平等受教育权利,不得以非法理由拒绝招收残疾学生。要为残疾学生平等、无障碍地参与学校生活提供必要条件和合理便利。

(三)尊重和保护学生权利

要完善制度规则,健全监督机制,保证学生在使用教育教学设施、资源,获得学业和品行评价,获得奖学金及其他奖励、资助等方面受到平等、公正对待。学生管理制度应当以学生为中心,体现公平公正和育人为本的价值理念,尊重和保护学生的人格尊严、基本权利。对学生进行处分,应当做到事实清楚、定性准确、依据充分、程序正当,重教育效果,做到公平公正。作出不利处分前,应当给予学生陈述与申辩的机会,对未成年学生应当听取其法定监护人的意见。对违反学校纪律的学生,要明确处分的期限与后果,积极教育挽救。要保障学生的人身权、财产权和受教育权不受非法侵害,杜绝体罚或者变相体罚、限制人身自由、侵犯人格尊严、违法违规收费,以及由于学校过错而造成的学生伤害等侵权行为,以及教师、学校工作人员对学生实施的违法犯罪行为。

(四)尊重和保障教师权利

学校要依据教师法和相关法律法规的规定,进一步建立和完善教师聘任和管理制度,制定权利义务均衡、目标任务明确,具有可执行性的聘任合同,明确学校与教师的权利与义务,依法聘任教师,认真履行合同。要依法在教师聘用、职务评聘、继续教育、奖惩考核等方面建立完善的制度规范,保障教师享有各项合法权益和待遇。要充分尊重教师在教学、科研方面的专业权力,学术组织中教师代表的比例不低于1/2。要落实教师职业道德规范,强化师德建设,明确教师考核、监督与奖惩的规则与程序。

（五）建立健全学术自由的保障与监督机制

要依法建立健全保障师生的研究自由、学习自由和学术自由的体制、机制。健全学术评价制度，保障各种学术评价机构独立开展活动，建立公平、公正的学术评价标准和程序。要建立灵活的教学管理制度，鼓励、保护学生自主、自由的学习，形成有利于创造性人才成长的制度环境。要明确教师课堂教学的行为规则和基本要求，保障教师根据课程的有关要求，科学安排教学内容和方法，充分、正当地行使教学的专业自主权，提高课堂教学的质量与效果。要建立完善对违反学术规范、学术道德行为的认定程序和办法，维护良好的学术氛围。

（六）大力推进信息公开和办事公开

学校配置资源以及实施干部选拔任用、专业技术职务评聘、岗位聘任、学术评价和各种评优、选拔活动，要按照公开公正的原则，制定具体的实施规则，实现过程和结果的公开透明，接受利益相关方的监督。要按照《高等学校信息公开办法》以及中小学信息公开的规定，建立健全信息公开的机构、制度，落实公开的具体措施，保证教职工、学生、社会公众对学校重大事项、重要制度的知情权，重点公开经费使用、培养目标与课程设置、教育教学质量、招生就业、基本建设招投标、收费等社会关注的信息。要创新公开方式、丰富公开内容，建立有效的信息沟通渠道，使学生、家长以及教师对学校的意见、建议能够及时反映给学校领导、管理部门，并得到相应的反馈。学校面向师生提供管理或者服务的职能部门，要全面推进办事公开制度，公开办事依据、条件、要求、过程和结果，充分告知办事项目有关信息，并公开岗位职责、工作规范、监督渠道等内容，提供优质、高效、便利的服务。

六、健全学校权利救济和纠纷解决机制，有效化解矛盾纠纷

（一）依法健全校内纠纷解决机制

要把法治作为解决校内矛盾和冲突的基本方式，建立并综合运用信访、调解、申诉、仲裁等各种争议解决机制，依法妥善、便捷地处理学校内部各种利益纠纷。要特别注重和发挥基层调解组织、教职工代表大会、学生团体和法制工作机构在处理纠纷中的作用，建立公平公正的处理程序，将因人事处分、学术评价、教职工待遇、学籍管理等行为引发的纠纷，纳入不同的解决渠道，提高解决纠纷的效率和效果。要尊崇法律、尊重司法。对难于在校内完全解决的纠

纷,应当按照法定程序,提交有关行政机关、仲裁机构、社会调解组织或者司法机关依法解决。对师生与学校发生的法律争议,学校应当积极应诉,认真落实法律文书要求学校履行的义务。

(二)完善教师学生权利救济制度

学校要设立教师申诉或者调解委员会,就教师因职责权利、职务评聘、年度考核、待遇及奖惩等,与学校及有关职能部门之间发生的纠纷,或者对学校管理制度、规范性文件提出的意见,及时进行调处,做出申诉结论或者调解意见。教师申诉或者调解委员会应当有广泛的代表性和权威性,成员应当经教职工代表大会认可。完善学生申诉机制。学校应当建立相对独立的学生申诉处理机构,其人员组成、受理及处理规则,应当符合正当程序原则的要求,并允许学生聘请代理人参加申诉。学校处理教师、学生申诉或纠纷,应当建立并积极运用听证方式,保证处理程序的公开、公正。

(三)健全安全管理及突发事件的应急处理机制

各级各类学校、幼儿园要根据学生的身心特点和认知能力,完善校园安全管理制度,落实对学生教育与管理的法定职责,健全学校安全事故、突发事件应急处理机制,切实保障学生、教师的人身权和财产权,维护学校秩序的稳定。要积极借助政府部门、社会力量、专业组织,构建学校安全风险管理体系,形成以校方责任险为核心的校园保险体制,建立学校安全风险管理制度、学生伤害事故调解制度,健全安全风险的事前预防、事后转移机制,建设平安、和谐校园。

七、深入开展法制宣传教育,形成浓厚的学校法治文化氛围

(一)切实加强对学校领导干部、职能部门工作人员依法治校意识与能力的培养

学校管理者要带头增强学法尊法守法用法意识,牢固树立依法办学、依据章程自主管理、公平正义、服务大局、尊重师生合法权益的理念,自觉养成依法办事的习惯,切实提高运用法治思维和法治方式深化改革、推动发展、化解矛盾、维护稳定的能力,准确把握权利与义务、民主与法治、实体与程序、教育与惩戒的平衡,实现目的与手段的有机统一。学校领导任职前,主管教育行政部门应当以适当方式考察其掌握相关法律知识和依法治校理念的情况。学校要高度重视内部职能部门管理理念和方式的转变,切实提高职能部门工作人员

依法、依章程办事,为师生服务的意识。

(二)全面提高教师依法执教的意识与能力

要认真组织教师的法制宣传教育,在教师的入职培训、岗位培训中,明确法制教育的内容与学时,建立健全考核制度,重要的和新出台的教育法律、法规要实现教师全员培训。要围绕全面推进依法治校的要求,组织教师深入学习有关落实国家教育方针、规范办学行为、维护教师合法权益、保障教职工民主管理权的法律规定,明确教师的权利、义务与职责,切实提高广大教职员工依法实施教育教学活动、参与学校管理的能力。对专门从事法制教育教学的教师,要组织参加专门培训,提高其对法治理念、法律意识的理解与掌握程度。

(三)加强和改善学生法制教育

认真落实教育系统普法规划的要求,开展好"法律进课堂"活动。中小学要将学生法治意识、法律素养,作为素质教育的重要内容,在学生综合素质评价中予以体现。要深入开展学生法制教育的理论与实践研究,不断丰富法制教育的形式与内容,使学生通过课堂教学、主题活动、社会实践等多种方式,掌握法律知识,培养法治理念。要把法治文化作为校园文化建设的重要组成部分,将平等自由意识、权利义务观念、规则意识、契约精神等理念,渗透到学生行为规则、日常教学要求当中,凝练到学校校训或者办学传统、教育理念当中,营造体现法治精神的校园文化氛围。要适当加大对《儿童权利公约》《残疾人权利公约》等我国签署加入的重要国际公约的宣传教育,培养学生建立对多元文化、少数人群和弱势人群权利的尊重与平等意识。

八、加强组织与考核,切实提高依法治校的能力与水平

(一)完善依法治校工作机制

学校要将依法治校纳入整体工作规划,明确学校领导班子、各级职能部门、工作岗位的职责,建立健全工作要求与目标考核机制。要将依法治校情况作为年度工作的专门内容,向教职工代表大会进行报告,并同时报送主管教育行政部门。高等学校应当设立或者指定专门机构、中小学应当指定专人负责学校法律事务、综合推进依法治校,有条件的学校,可以聘请专业机构或者人员作为法律顾问,协助学校处理法律事务。学校的法制工作机构或人员在学校的决策、管理过程中要发挥参谋和助手作用,对学校出台的有关管理措施、对外签订的合同、实施改革方案等,要进行合法性评估、论证。

（二）健全依法治校考核评价机制

教育行政部门要把依法治校情况,作为对学校进行综合评估重要方面,在对学校办学和管理评估考核中,更加突出依法治校综合考核的作用,减少对学校具体办学与管理活动的干扰。要完善校长选任和考核制度,把依法治校的情况,作为考核学校领导班子的重要指标,创新考核评价机制,采取多种途径听取师生和社会公众的意见。各级教育行政部门都要建立由法制工作机构或者其他综合部门牵头负责的推进依法治校工作机制,加强对学校依法治校工作的指导,健全学校领导依法治校能力培训和考核制度,采取有效措施,推动和鼓励学校积极实践、不断创新推进依法治校的制度、机制。

九、转变政府职能,加强对学校依法治校的保障

（一）切实转变对学校的行政管理方式

各级教育行政部门要大力推动依法治校工作,严格依法行政,按照法律规定的职责、权限与程序对学校进行管理,规范行政权力的行使。要切实转变管理学校的方式、手段,从具体的行政管理转向依法监管、提供服务;切实落实和尊重学校办学自主权,减少过多、过细的直接管理活动。要主动协调其他有关部门为学校解决法律问题,保障学校的办学自主权和合法权益,积极开展校园及周边环境的治理工作,依法维护校园安全,为学校改革发展创造良好外部环境。

（二）依法建立健全对学校的监督和指导机制

教育行政部门要积极探索建立教育行政执法体制机制,健全行政执法责任制,提高行政执法能力,实现依法对学校办学与管理行为的监督和管理。要遵循法定职权与程序,积极运用行政指导、行政处罚、行政强制等手段,依法纠正学校的违法、违规行为,保障法律和国家政策有效实施。对公办学校实施违反国家法律和政策规定的行为,要依法健全对学校及其负责人的问责机制。要建立对学校办学与管理活动中违法行为的投诉、举报机制,引入社会监督和利益相关人的监督,进一步健全教师、学生的行政申诉制度,畅通师生权利的救济渠道,改革完善行政监管机制。要建立学校规章和重要制度的备案制度,及时纠正学校有悖法律规定和法治原则的规定。

（三）深入开展依法治校示范学校创建活动

推进依法治校要立足学校需求,结合实际、分类指导、示范引领。不同层

次、不同类型的学校要根据本纲要，结合自身特点和需要，制定本校依法治校的具体办法。地方各级教育行政部门要及时总结在依法治校实践中形成的典型经验与成功做法，完善对不同层次、类型学校依法治校的具体要求，分类实施指导。要进一步完善依法治校示范校的评价标准，将依法治校示范学校创建活动制度化、规范化，在国家和地方层面，开展依法治校示范学校创建活动，积极推广典型经验，推动各级各类学校依法治校水平的整体提高。

第四节　全面加强教师法制教育

一、加强教师法制教育十分急迫

党的十八大报告明确提出，要深入开展法制宣传教育，弘扬社会主义法治精神，树立社会主义法治理念，增强全社会学法尊法守法用法意识。教师是社会上特殊而崇高的职业群体，应当成为学法尊法守法用法、弘扬社会主义法治理念的典范。教师的法律素质是提高青少年法制教育质量的关键。

经过20多年的努力，教师法制教育工作取得了积极进展。但是，一些地方和学校对教师法制教育工作的重要性认识还不足，缺乏有力的工作举措；有的教师学法的积极性、自觉性不够，依法执教、依法维权能力不强。特别是近期出现个别教师严重侵害学生人身权益的违法犯罪案件，产生了恶劣的社会影响，暴露了个别教师缺乏基本的法律素质，反映出教师法制教育工作不能适应新的形势与任务。

二、教师法制教育工作的总体要求

按照《国家中长期教育改革和发展规划纲要（2010－2020年）》要求和国家教育普法规划的部署，切实做好新时期教师法制教育工作。要把社会主义法治理念贯穿教师法制教育工作全过程，使广大教师牢固树立民主法治、自由平等、公平公正的法治精神。要始终结合学校依法治理的需要，贴近教师工作生活的实际，服务教育改革发展的大局，提高针对性，突出实效性，提高广大教师依法执教、依法参与学校管理、依法维护自身和学生合法权益的能力。要特别提高校长和管理人员队伍的法律素质和运用法律思维、法治方式解决学校改革发展中各种问题的能力。要大力弘扬社会主义法治文化,努力营造浓厚的校园法治氛围,以法治文化熏陶人、感染人。

三、教师法制教育的主要任务

要重点加强中小学教师的法制教育,突出未成年人权益保护法律法规的学习宣传,切实增强教师尊重学生、爱护学生、平等对待学生的意识,提高依法维护学生权益和抵制侵害学生行为的能力。要在各级各类学校教师中深入开展宪法的宣传教育,使教师深入了解宪法的基本精神、原则和制度,维护宪法权威,进一步增强公民意识和责任意识,树立权利义务相统一的观念。要在广大教师中系统、深入地宣传教育法、义务教育法、教师法等教育法律法规的基本制度、重要规定和行为规范,有针对性地宣传民商法、行政法、社会法、刑法、诉讼与非诉讼程序法等方面的法律原则与一般规则。培养一批青少年法制教育教师,使他们系统掌握中国特色社会主义法律体系主要法律制度和法律规范,具备一定的处理法律事务的能力,成为青少年法制教育的骨干和依法维护学校、师生合法权益的法律工作者。

四、探索教师法制教育的多种形式

在教师资格考试中进一步加强法律相关内容的考核。实施中小学教师全员法制培训,通过国家和地方分级培训的方式,确保全体教师接受不同层次、不同形式的法制培训。中小学校长国家级培训和中小学教师国家级培训将法制内容列入培训课程,地方各级教育行政部门分级组织培训班,确保全部中小学校长和法制教育教师都能接受系统的法制培训。积极推进校长依法治校能力培训基地和法制教育教师培训基地建设,为教师法制培训提供支持和服务。县级以上教育行政部门要积极组织开展法律知识竞赛、法制演讲比赛、法律教学比赛、法律课件评选等形式多样的法制教育活动,提高教师学习法律的积极性。中小学校要通过专题培训、法制报告会、研讨会等多种方式,确保每位教师每年接受不少于 10 课时的法制培训。教师要主动学法、自觉用法,履行教书育人义务,维护学生合法权益,制止有害于学生的行为或者其他侵犯学生合法权益的行为,批评和制止有害于学生健康成长的现象;依法规范自身言行,依法维护自身权益。

五、完善教师法制教育工作考核机制

教育行政部门要把是否建立工作制度、是否制定工作计划、是否落实工作经费、是否有序开展工作、是否取得工作成效等情况作为对学校综合评价的重要指标。各级各类学校要进一步健全考核、评价制度,把校长法律素质和依法治校能力作为校长任职和工作考核的重要内容;把教师树立社会主义法治理念、掌握法律知识、提高法律素质以及依法开展教育教学能力、维护学生合法权益等情况作为教师师德和业绩考核、岗位聘用、评优奖励的重要内容。

六、构建教师法制教育工作保障体系

各级教育行政部门和各级各类学校要高度重视教师法制教育工作,加强组织领导和统筹规划,紧密结合教师职业特点以及教师工作、生活的实际,制订切实可行的教师法制教育工作计划,确定工作进度,精心组织实施。教育行政部门和学校要加强与司法机关、相关专业机构的合作,建立沟通、协作机制,充分利用多种组织资源、实践资源、教学资源和科研优势等开展教师法制教育工作,凝聚工作合力,提升工作效果;要统筹安排相关经费,支持教师法制教育工作,保障教师法制教育工作的正常开展。教育行政部门工作人员要严格依法行政,切实尊重、维护学校合法权益,为教师法制教育工作营造良好氛围。

第五节　教师普法的指导意义

一、树立法治意识

义务教育阶段,是关系到学生今后能否全面、和谐、健康发展的基础教育和起步教育,要培努力养学生健全的人格、高尚的道德情操、远大的理想抱负和社会责任的担当意识。"百年大业,教育为本。"在理想教育的过程中,教师除了教导学生要为实现理想而奋斗不息之外,还要教会学生正确认识理想与法制的辩证关系。

教师要不断引导学生"学法尊法守法用法"的法治自觉,强化"自觉守法、遇事找法、解决问题靠法"的法治观念。开展这一工作,需要全社会合力,国

家、社会组织与社会个人都要参与,其中重要的是思想文化和宣传教育层面的工作。因此,对教师的普法也就提出了更高的要求。

二、培养法治习惯

学校教育除了要重视养成教育、道德意识和学生的良好思想品德教育之外,还必须重视对学生进行必要的、生动的普法教育,渗透到养成教育之中。法治教育从某种意义上讲,是一种习惯教育。习惯在孩童时期最容易养成,也能影响孩子的一生。因此,改革我国目前固有的法治教育方法,有针对性地培养青少年学生的法治习惯意识,对青少年学生的健康成长具有重要意义。作为一名教师,在教育学生乐于助人的同时,也应教育学生伸张正义、见义勇为,熟悉、牢记和遵守学生应知应会的法律法规,才能运用法律武器保护他人和自己。

三、寓法治教育于学科

任何一门学科的教学课堂都可以成为普法教育的阵地,要向学生告之以理、动之以情、示之以法,必须根据学生的年龄和认知特点拟订不同年级不同阶段的法制教育计划,安排不同的教育内容和任务,教师必须首先熟知法制教学内容,利用班会课、思想品德课和在学生中设立学法评选、每周开设法制教育课等进行普法教育。

四、法治教育与素质教育相结合

素质教育一种教育方式,也是教育手段,其最终目标是培养学生德、智、体、美,坚持与生产劳动和社会实践相结合,使学生全面发展,提高综合素质,成为社会主义事业的建设者和接班人。学生的综合素质和健全人格包括爱国意识、公民意识、守法意识、权利义务意识、自我保护意识和重视法律、遵守法律、维护法律的好习惯以及正确的人生观、价值观和荣辱观。

五、弘扬法治文化

法治精神是对法治的崇尚、遵守、捍卫的心理状态的内、外部表现,法治文化则是对法治的思想观念和行为趋向沉淀和积累的总和。党的十八届四中全会指出,全面推进依法治国,把法制教育纳入国民教育体系,要从青少年抓起,将学习、宣传宪法和法律进校园、入课堂。在这一过程中,教师充当了重要的角色。教师作为法律的义务宣传者、教育者和维护者,在日常教育教学中就应该义不容辞担负起"普法"责任。

以案释法

体罚学生致其自杀该由谁承担责任

【案情介绍】9 岁的张某是某小学的学生,在同学的眼里,她学习刻苦、团结助人、遵守纪律,是个好学生;在父母眼里,她懂事听话,是个乖巧的女儿。2014 年 6 月 1 日,张某来到学校上学,上午第一节课是自习课,下课后,该小学老师李某突然来到教室,把包括张某在内的几个小学生叫到她的办公室问话。据同学们私下议论,是李某丢了 100 元钱,怀疑是这几个同学偷的。被李某叫去办公室的几个同学都陆续回到教室,只有张某被李某带到教室门口,指令她站在门口,不许进教室。上课铃响后,李某来上课,但她仍未让张某进教室,罚她站在门口。张某先后几次报告李老师,要求进教室,均未得允许。后来张某自行走进来,李某发现后,怒斥到:"谁让你进来的? 出去! 出去!"她见张某未走出去,就拧着张某的耳朵,将她拎到门外,就这样张某被罚站在教室门口一节课。上午第三节课开始后,由于仍是李某上课,李某仍然安排张某在教室最后面站着听课。下课后,李某又将张某带到其办公室单独问话。等到张某从办公室出来时,已是泪流满面。回到家里后,张某就找了瓶农药喝下去,很快因药性发作,摇摇晃晃地摔倒在地。次日凌晨,张某终因中毒太深,医治无效,丧失了幼小的生命。

【案例评析】这是一起典型的因教师体罚学生而造成不可挽回的教育法律案例。李某的体罚行为是造成张某自杀的主要原因,缺乏应有的职业道德和遵纪守法的观念,严重违反了《中华人民共和国教师法》(以下简称《教师法》)第 8 条关于教师应履行"尊重学生人格"的义务的规定,给学生和学校带来了不应有的物质和精神损失,反映了教师队伍中法制观念淡薄和职业素质低下的问题。9 岁的张某属无民事行为能力人,本案的发生不仅触及和违反了《教师法》,还违反了《中华人民共和国教育法》《中华人民共和国未成年人保护法》等法律法规。李某出于个人利益对学生惩罚,但同时代表学校对学生的管理行为,李某与学校均应承担相应的法律责任。由这个案例可以不难看出,教育发展离不开教师,在振兴民族、振兴教育的整体事业中,教师负有特殊的责任和使命。《教师法》确立了教师的法律地位,规定了教师的权利和义务。教师专业化是现代教师职业发展的必然趋势。《教师法》以法律的形式确立了教师职业的专业属性,并以教师资格制度和教师职务制度作为相应的法律保障,以确保教师专业化的实现程度。教师的聘任、考核、培训制度,同样是教师队伍建设的重要机制,有效实施这些制度,有利于依法保证教师队伍的纯洁性,调动广大教师的工作积极性。

思考题

1. 依法治校的措施有哪些?
2. 全面推进依法治校的指导思想是什么?
3. 全面推进依法治校的总体要求是什么?

法律链接

权威解读

专家观点

本章自测

第二章　宪法知识

第一节　宪法概述

一、宪法的本质

从本质上看宪法是国家的根本法，是阶级力量对比关系的集中体现，是民主制度的法律化，是实现阶级统治的重要工具。党的十八届四中全会通过的《中共中央关于全面推进依法治国若干重大问题的决定》(以下简称《决定》)指出，我国宪法是党和人民意志的集中体现，是通过科学民主程序形成的根本法。宪法作为我国的根本大法，规定了国家各项基本制度和根本任务，规定了公民基本权利和义务，规定国家机关的组织与活动的基本原则。它集中反映了统治阶级的意志和根本利益，是维护和巩固统治阶级专政的重要工具。宪法在国家的整个法律体系中居于主导地位，具有最高的法律权威和最高的法律效力，既是国家治国安邦的总章程，也是公民立身行事的总依据。

二、宪法的基本特征

宪法具有以下三个基本特征：(1)在内容上，宪法规定国家生活中最根本最重要的方面。普通法律作为部门法，调整的只是国家生活中某一方面的社会关系，而作为根本法的宪法，它规定的是国家政治生活和社会生活中最根本、最重要的问题。现行的《中华人民共和国宪法》(以下简称《宪法》)在序言中就明确宣布："本宪法以法律的形式确认了中国各族人民奋斗的成果，规定了国家的根本制度和根本任务，是国家的根本法，具有最高的法律效力。"(2)在法律效力上，宪法的法律效力最高。由于宪法是国家的根本法，宪法所具有的就不仅是一般的法律效力，而是最高的法律效力。其法律效力的最高性表现在:①宪法是制定普通法律的依据和基础;②普通法律不得与宪法相抵触;③宪法是一切组织或者个人的根本活动准则。(3)在制定和修改的程序上,宪法比其他法律更为严格。由于宪法是国家的根本法,具有最高的法律效力,为了体现宪法的严肃性,保持宪法的稳定性和连续性,其修订程序都严于普通立法的特别程序。我国《宪法》第64条规定:"宪法的修改,由全国人民代表大会常务委员会或者五分之一以上的全国人民代表大会代表提议,并由全国人民代表大会以全体代表的三分之二以上的多数通过。法律和其他议案由全国人民代表大会以全体代表的过半数通过。"

三、我国宪法的基本原则

宪法的基本原则是指在制定和实施宪法过程中必须遵循的最基本的准则,是贯穿立宪和行宪的基本精神。我国宪法的基本原则主要有:(1)一切权力属于人民原则。这一原则的核心就是指国家主权这一最高权力来源于人民,同时永远属于人民,人民有权参与国家事务的管理。我国《宪法》第2条规定:"中华人民共和国的一切权力属于人民。人民行使国家权力的机关是全国人民代表大会和地方各级人民代表大会。人民依照法律规定,通过各种途径和形式,管理国家事务,管理经济和文化事业,管理社会事务。"这一规定突出了人民在国家的主人翁地位,国家的一切权力属于人民。同时宪法规定的人民代表大会制度、社会主义经济制度和公民的基本权利等方面的内容,都体现、保障和促进了一切权力属于人民的原则的实现。(2)基本人权原则。我国政权的本质特征就是人民当家作主,而公民基本权利和自由则是人民当家作主最直接的表现,因此,我国宪法第二章"公民的基本权利和义务"专章规定和列举了公民的基本权利和义务,体现了对公民权利的宪法保护,也体现了对人民当家作主的保护。(3)民主集中制的原则。民主集中制原则是社会主义国家制度的一项基本原则,它是民主与集中相结合的制度,具体是指在民主基础上的集中和在集中指导下的民主。我国的国家机构实行民主集中制的原则,而不搞西方资本主义国家的"三权分立"。我国《宪法》第3条规定:"中华人民共和国的国家机构实行民主集中制的原则。"其具体表现为:全国人民代表大会和地方各级人民代表大会都由民主选举产生,对人民负责,受人民监督;国家行政机关、审判机关、检察机关都由人民代表大会产生,对它负责,受它监督;中央和地方的国家机构职权的划分,遵循在中央的统一领导下,充分发挥地方的主动性、积极性的原则。(4)法治原则。法治是相对于人治而言的政府治理形式,是指按照民主原则把国家事务法律化、制度化,并依法进行管理的一种方式,其核心思想在于依法治理国家,法律面前人人平等,反对任何组织和个人享有法律之外的特权。制定和实施宪法本身就是国家实行法治的标志。我国《宪法》第5条明确规定:"中华人民共和国实行依法治国,建设社会主义法治国家。"

四、我国宪法的产生和不断完善

新中国成立以来,我国共制定了四部宪法,分别是1954年宪法、1975年宪法、1978年宪法和1982年宪法。1982年12月4日,第五届全国人民代表大会第五次会议通过了现行的《宪法》。现行《宪法》是对1954年制定的新中国第一部宪法的继承和发展。1982年《宪法》公布实施后,由于社会主义现代化建设和改革开放取得了巨大成就,社会生活发生了深刻变化,其中的一些规定与社会生活的变化存在着明显不适应的情况。因而,自1988年以来,全国人民代表大会曾先后四次以宪法修正案的方式对宪法的序言和部分条文进行了局部修改和补充,分别是:(1)1988年4月12日,第七届全国人民代表大会第一次会议通过的宪法修正案;(2)1993年3月29日,第八届全国人民代表大会第一次会议通过的宪法修正案;(3)1999年3月15日,第九届全国人民代表大会第二次会议通过的宪法修正案;(4)2004年3月14日,第十届全国人民代表大会第二次会议通过的第四次宪法修正案,这次修宪是历届修改条数最多、涉及内容最广泛的一次。

第二节　国家的基本制度

一、我国的国体

国体即国家的阶级本质,它是由社会各阶级、阶层在国家中的地位所反映出来的国家的根本属性。它包括两个方面:一是各阶级、各阶层在国家中所处的统治与被统治地位;二是各阶级、阶层在统治集团内部所处的领导与被领导地位。我国是人民民主专政的社会主义国家。我国《宪法》第1条规定:"中华人民共和国是工人阶级领导的、以工农联盟为基础的人民民主专政的社会主义国家。"这是宪法对我国的国家阶级性质的规定,亦即对我国国体的明确规定。我国的国家性质包含以下基本点:(1)人民民主专政实质上是无产阶级专政;(2)人民民主专政必须以工人阶级为领导、以工农联盟为基础;(3)人民民主专政是最大多数人的民主;(4)人民民主专政是民主与专政的结合;(5)在人民民主专政国家政权内部,建立了极其广泛的爱国统一战线,形成了中国共产党领导的多党合作和政治协商制度。

二、我国的政体

政体又称政权组织形式,是指统治阶级按照一定的原则组成的,代表国家行使权力以实现统治阶级任务的国家政权机关的组织体制。政体是国家制度的重要组成部分,是国家的主要外在表现形态。我国的政体是人民代表大会制度。人民代表大会制度是指拥有国家权力的我国人民根据民主集中制原则,通过民主选举组成全国人民代表大会和地方各级人民代表大会,并以人民代表大会为基础,建立全部国家机构,人大代表对人民负责,受人民监督,以实现人民当家作主的政治制度。人民代表大会制度直接地、全面地表现了我国的阶级本质,是我国国家机构得以建立、健全和国家政治生活得以全面开展的基础,是其他政治制度的核心,而且反映了我国政治生活的全貌。(1)从人民代表大会的组成来说,各级人民代表大会都由人民代表组成,而人民代表又是由人民通过民主选举方式选举产生的。(2)从人民代表大会的职权来说,人民代表大会代表人民行使国家权力。全国人民代表大会对国家的一切重大事务享有最高决定权。凡属应当由最高国家权力机关行使的职权,它都有权行使。地方各级人民代表大会有权在宪法和法律规定的职权范围内决定本地区的重大事务。(3)从人民代表大会的责任来说,它要向人民负责,接受人民的监督。各级人大代表在整个任期之内和行使职权的过程中,始终要同选民和选举单位保持密切联系,选民或选举单位有权依照法律规定的程序罢免由他们选出的代表。

三、我国的基本经济制度

我国《宪法》第6条规定:"中华人民共和国的社会主义经济制度的基础是生产资料的社会主义公有制,即全民所有制和劳动群众集体所有制。社会主义公有制消灭人剥削人的制度,实行各尽所能、按劳分配的原则。国家在社会主义初级阶段,坚持公有制为主体、多种所有制经济共同发展的基本经济制度,坚持按劳分配为主体、多种分配方式并存的分配制度。”社会主义公有制经济不但包括国有经济和集体经济,还包括混合所有制经济中的国有成分和集体成分。公有制的主体地位主要体现在:公有资产在社会总资产中占优势;国有经济控制国民经济命脉,对经济发展起主导作用。非公有制经济包括个体经济、私营经济和外商投资经济。它是我国社会主义市场经济的重要组成部分。国家对个体经济、私营经济和外商投资经济采取鼓励、支持和引导的政策,同时健全财产法律制度,依法保护他们的合法利益和公平竞争,并加强对它们的监督和管理,保障他们的健康发展,发挥他们满足人们多样化需要、增加就业和促进国民经济发展的作用。我国目前实行的是按劳分配为主体、多种分配方式并存的分配制度。把按劳分配与按生产要素分配结合起来,坚持效率优先、兼顾公平,有利于优化资源配置,促进经济发展,保持社会稳定。

四、选举制度

我国的选举制度是人民代表大会制度的重要组成部分。它是选举全国人民代表大会和地方各级人民代表大会代表的原则、程序以及方式、方法的总称。其内容由选举法和其他有关选举的规范性文件做出规定。根据宪法和选举法的规定,我国的选举制度有以下基本原则:(1)选举权的普遍性原则;(2)选举权的平等性原则;(3)直接选举和间接选举并用的原则;(4)秘密投票原则。选民享有对人大代表的监督权和罢免权是选举权的不可分割的部分。我国的选举法不仅规定了各级人民代表大会的代表受选民和原选举单位的监督,选民或原选举单位都有权罢免自己选出的代表,而且还具体规定了罢免的程序,从而确保选举人行使自己的民主权利。

五、民族区域自治制度

民族区域自治制度就是在统一的祖国大家庭里,在国家的统一领导下,以少数民族聚居的地区为基础,建立相应的自治机关,行使自治权,自主地管理本民族、本地区的内部事务,行使当家作主的权利。民族区域自治制度是我国的基本政治制度之一,是建设中国特色社会主义政治的重要内容。我国的民族区域自治制度有两个显著特点:(1)民族区域自治是在国家统一领导下的自治,各民族自治地方都是中国不可分离的一部分,各民族自治机关都是中央政府领导下的一级地方政权,都必须服从中央统一领导。(2)民族区域自治,不只是单纯的民族自治或地方自治,而是民族因素与区域因素的结合,是政治因素和经济因素的结合。

六、特别行政区制度

特别行政区,是指在我国版图内,根据我国宪法和有关法律的规定专门设立的具有特殊的法律地位,实行不同于社会主义制度的社会、经济制度,直辖于中央人民政府的行政区域。我国《宪法》第31条规定:"国家在必要时得设立特别行政区。在特别行政区内实行的制度按照具体情况由全国人民代表大会以法律规定。"在实践上,我国分别于1997年7月1日和1999年12月20日恢复对香港、澳门行使主权,设立了香港特别行政区政府和澳门特别行政区政府。

七、基层群众自治制度

基层群众自治制度,是依照宪法和法律,由居民(村民)选举的成员组成居民(村民)委员会,实行自我管理,自我教育,自我服务,自我监督的制度。我国《宪法》第111条规定:"城市和农村按居民居住地区设立的居民委员会或者村民委员会是基层群众性自治组织。居民委员会、村民委员会的主任、副主任和委员由居民选举。居民委员会、村民委员会同基层政权的相互关系由法律规定。居民委员会、村民委员会设人民调解、治安保卫、公共卫生等委员会,办理本居住地区的公共事务和公益事业,调解民间纠纷,协助维护社会治安,并且向人民政府反映群众的意见、要求和提出建议。"

以案释法

对贿选行为要给予严厉打击

【案情介绍】有群众举报,某县的一选区在县级人大代表换届选举中存在贿选情况。经查证后发现,犯罪嫌疑人杨某甲、杨某乙、杨某丙、杨某丁等人商量后决定,有不属于该镇选区县级人大代表候选人的杨某甲参加该选区县级人大代表的选举,并商定以200元每张的价格向选民购买选票。造成该选区县级人大代表第一轮选举因正式候选人和犯罪嫌疑人杨某甲票数均未过半而失败。2012 年 6 月 15 日,经审理,县人民法院以破坏选举罪判处被告人杨某甲有期徒刑 1 年,缓刑 2 年;判处被告人杨某乙、杨某丙、杨某丁有期徒刑 6 个月,缓刑 1 年。

【案例评析】贿选,是指在选举各级人大代表和国家机关领导人时,用金钱或者其他财物贿赂选民或者代表,以实现行为人希望达到的选举结果。它具有以下特征:一是贿选所侵犯的客体是公民的选举权。二是贿选在客观方面表现为,行为人用金钱或者其他财物贿赂、收买选民、代表或选举机构工作人员。这里所指的其他财物应作宽泛理解,它包括各类有价值意义的积极财产。三是贿选在主观方面表现为故意,并且为直接故意。四是贿选的主体为一般主体。可以是参选人,也可以是一般选民;可以是有选举权的公民,也可以是无选举权的公民。对于贿选,《刑法》第 256 条规定:"在选举各级人民代表大会代表和国家机关领导人员时,以暴力、威胁、欺骗、贿赂、伪造选举文件、虚报选举票数等手段破坏选举或者妨害选民和代表自由行使选举权和被选举权,情节严重的,处 3 年以下有期徒刑、拘役或者剥夺政治权利"。本案中,犯罪嫌疑人的行为符合上述特征,属于贿选行为。县人民法院的作出的判决符合法律规定。

第三节　公民的基本权利与基本义务

一、公民的含义

公民,是指具有一国国籍并根据该国宪法和法律,享有权利、承担义务的人。中国国籍是确定中国公民资格的唯一条件。外国人或无国籍人申请加入中国国籍须具备下列条件之一:中国人的近亲属;定居在中国;有其他正当理由。我国不承认双重国籍,加入中国国籍,不再保留外国国籍;加入或取得外国国籍,自动丧失中国国籍。

二、我国公民的基本权利

公民的基本权利,就是国家通过宪法和法律所保障的,公民实现某种愿望

或获得某种利益的可能性。我国《宪法》规定,我国公民享有以下基本权利:

（一）平等权

平等权是指公民平等地享有权利,不受差别对待,要求国家同等保护的权利和原则。公民平等地享有权利,平等地履行义务。既是公民的基本权利,又是法治国家的宪法原则。内容包括法律面前人人平等、禁止差别待遇。公民的平等权有以下含义:(1)所有公民平等的享有宪法和法律规定的权利;(2)所有公民都平等的履行宪法和法律规定的义务;(3)国家机关在适用法律时,对于所有公民的保护或者惩罚都是平等的,不得因人而异;(4)任何组织或者个人都不得有超越宪法和法律的特权。

（二）政治权利

政治权利是公民依据宪法和法律规定,人们参与国家政治活动的一切权利和自由的总称。一方面表现为选举权和被选举权这类参与国家和社会的组织与管理的权利称为政治权利;另一方面表现为在国家政治生活中自由地发表意见、表达意愿的自由称为政治自由。范围包括选举权与被选举权、言论、出版、集会、结社、游行、示威自由。(1)选举权与被选举权。选举权是选民依法选举代议机关代表和特定国家机关公职人员的权利。被选举权是指选民依法被选为代议机关代表和特定国家机关公职人员的权利。没有选举就没有民主。选举权是具体的民主权利,包括选择权、投票权、表决权、监督权、罢免权。(2)言论、出版、结社、集会、游行、示威的自由。①言论自由。言论自由,是指公民通过各种语言形式宣传自己思想和观点的自由。宪法中主要指政治言论自由,是公民参与国家管理的有效形式。包括思想表达与传达自由、言论机关的自由以及了解权和反论权。在政治权利体系中处于核心地位,是民主政治的基础,具有政治监督作用。②出版自由。出版自由,是指公民可以通过公开发行的出版物,包括报纸、期刊、图书、音像制品、电子出版物等自由地表达自己对国家事务、社会事务、经济和文化事务的见解和看法。是民主政治的重要体现,具有政治监督和信息传播功能。③结社自由。结社自由,是指公民为了一定的宗旨而依法律规定的程序组织某种社会团体的自由。包括以营利为目的的和不以营利为目的的,政治性的和非政治性的。④集会、游行、示威自由。集会,是指聚集于露天公共场所,发表意见,表达意愿的活动。游行,是指在公共道路、露天公共场所列队进行,表达共同意愿的活动。示威,是指在露天公共场所或公共道路上以集会、游行、静坐等方式,表达要求、抗议或者支持、声援等共同意愿的活。集会、游行、示威自由是言论自由的延伸和具体化,是公民表现意愿的强烈形式和手段。此三项自由相互联系,是现代民主政治的基本要求,是一切权力属于人民宪法原则的具体体现,是一种公民与政府进行沟通和表达意愿的有效方式,有利于社会稳定和政治稳定。

(三)宗教信仰自由

宗教信仰自由,是指公民依据内心的信念,自愿地信仰宗教的自由。内容上包括有信仰或不信仰宗教的自由,信仰这种或那种宗教的自由,在同一宗教里信仰这教派或那教派的自由,过去信教现在不信教的自由,过去不信教现在信教的自由。

(四)人身自由

人身自由又称身体自由,指公民的人身不受非法侵犯的自由,是以人身保障为核心的权利体系,是公民参加政治生活和社会生活的基础。其内容包括:(1)人身自由不受侵犯,即公民享有人身不受任何非法搜查、拘禁、逮捕、剥夺、限制的权利。(2)人格尊严不受侵犯,即与人身有密切联系的名誉、姓名、肖像等不容侵犯的权利,具体体现为人格权,如姓名权、肖像权、名誉权、荣誉权、隐私权等。禁止侮辱、诽谤和诬告陷害。(3)公民住宅不受侵犯,即住宅安全权,指公民居住、生活的场所不受非法侵入和搜查。(4)通信自由,即公民通过书信、电话、电信及其他通讯手段,根据自己的意愿进行通信,不受他人干涉的自由。具体指通信秘密受法律保护,属私生活秘密与表现行为的自由。包括公民的通信他人不得扣押、隐匿、毁弃,公民通信、通话的内容他人不得私阅或窃听。

(五)社会经济权利

社会经济权利,是指公民依照宪法的规定享有物质利益的权利,是公民实现其他权利的物质上的保障。是一种复合权利,出现了如消费者权利、环境权、社会保障权等新的权利类型。我国《宪法》规定了以下内容:(1)公民财产权,即公民个人通过劳动或其他合法方式取得财产和享有占有、使用、收益、处分财产的权利。范围包括合法收入、储蓄、房屋、其他合法财产,投资权、经营权、继承权也在其列。(2)劳动权,即一切有劳动能力的公民有从事劳动并取得劳动报酬的权利。劳动权具有双重性,既是权利也是义务。包括劳动就业权、取得报酬权。(3)休息权,即劳动者休息和休养的权利。这是劳动力延续的条件,也是劳动者享受文化生活、自我提高的权利。国家发展劳动者休息休养的设施,规定职工的工作时间和休假制度。劳动者享受公休假、法定休假、年休假、探亲假等。(4)社会保障权,即因社会危险处于保护状态的个人,为了维持人的有尊严的生活而向国家要求给付的请求权。是宪政国家必须履行的义务,是现代社会的安全阀。作为一种权利体系,包括生育保障权、疾病保障权、残疾保障权、失业保障权、死亡保障权与退休保障权等具体权利。

(六)文化教育权

文化教育权是一种综合的权利体系,在基本权利体系中处于基础地位。教育方面体现为受教育权,文化方面体现为科学研究自由、文艺创作自由和其他文化活动自由。(1)受教育权,即公民接受文化科学知识等方面训练的权利。是自由权和社会权的统一,是权利和义务的统一。按照能力受教育,享受教育机会平等。(2)科学研究自由,即公民有自由地对科学领域的问题进行探讨的权利,不允许非法干涉;公民有权通过各种形式发表自己的研究成果,国家有义务提供必要条件;国家应奖励和鼓励科研人员,保护科研成果。(3)文艺创作自由,即公民有权自由地从事文艺创作并发表成果。允许不同风格、不同流派存在,国家权力不得非法干涉文艺创作,做出限制时应注意合理界限。(4)其他文化活动自由,即观赏、欣赏、享用文化作品和从事各种娱乐活动。

(七)监督权与请求权

(1)监督权,即公民监督国家机关及其工作人员活动的权利。这是人民主权原则的具体体现。包括批评、建议权、控告、检举权、申诉权等。(2)请求权,即公民依照宪法规定,要求国家作一定行为的权利。是基本权利实现的手段性权利,是具有一般效力的、具体的、现实的权利。包括国家赔偿请求权、国家补偿请求权、裁判请求权,广义上还包括监督权。

(八)特定主体的权利保护

(1)妇女权利的保护。男女平等,同工同酬,培养妇女干部。《中华人民共和国妇女权益保障法》对妇女的家庭生活平等权、同工同酬权、受教育权、平等就业权、劳动保护权、生育权作特殊保护。(2)未成年人权利的保护。通过《中华人民共和国未成年人保护法》,对未成年人的抚养、受教育、社会安全、人格、收养、残疾儿童成长作特定保护。(3)老年人权利的保护。通过《中华人民共和国老年人权益保障法》,对老年人的退休、赡养、生活保障作特定保护。

(4)残疾人权利保护。通过《中华人民共和国残疾人权益保障法》和其他相关法律,对残疾人的生活保障权、劳动就业权、受教育权、政治权利、人格权利做出特定保护。(5)华侨、归侨和侨眷权利保护。对华侨的保护适用国内法和外交保护两种方式,对归侨、侨眷的保护通过《中华人民共和国归侨侨眷权益保护法》实施。

三、我国公民的基本义务

公民基本义务,是指《宪法》规定的公民必须履行的法律责任。公民的基本义务决定着公民在国家生活中的政治和法律地位,体现了国家利益、集体利益和个人利益的结合,体现了权利和义务的一致性。依据宪法的规定,我国公民有以下基本义务:

（一）遵守宪法和法律

遵守宪法和法律的义务,是指公民有忠于宪法和法律,维护宪法和法律尊严,保护宪法和法律实施的义务。一切违反宪法和法律的行为必须予以追究。

（二）维护国家统一和全国各民族的团结

《宪法》第52条规定:"中华人民共和国公民有维护祖国统一和全国各民族团结的义务。"国家统一与各民族团结是进行现代化建设的重要保证。维护国家统一是指维护国家主权独立和领土完整。国家主权是国家最重要的属性,是国家独立自主地处理国内、外交事务,管理自己国家的权力。对于我国的国家主权,任何人都不得以任何方式把它割让,也不允许任何人进行分裂、破坏或者危害国家政权的统一的活动。在我国,维护国家统一的重要内容与标志是维护民族团结。我国是统一的多民族国家,能否正确处理民族关系对国家的统一和稳定将产生重要的影响。根据我国《宪法》和《民族区域自治法》的规定,一切破坏民族、制造民族分裂的行为都将受到法律的追究。

（三）保守国家秘密,爱护公共财产,遵守劳动纪律,遵守公共秩序,尊重社会公德

为了防止国内外阶级敌人窃取国家政治、军事、外交、经济、科学、文化等方面的机密,保卫国家安全,保障社会主义建设的顺利进行,宪法规定公民必须保守国家秘密。爱护公共财产包括爱护国家所有的财产和集体所有的财产。遵守公共秩序包括遵守社会秩序、生产秩序、工作秩序、教学科研秩序和人民群众生活秩序。尊重社会公德是社会主义精神文明和道德修养的重要内

容,是公民必须履行的义务。国家提倡爱祖国、爱人民、爱劳动、爱科学、爱社会主义的公德,在人民中进行爱国主义、集体主义和国际主义、共产主义的教育,进行辩证唯物主义和历史唯物主义的教育,反对资本主义、封建主义和其他的腐朽思想。

（四）维护祖国的安全、荣誉和利益

《宪法》第 54 条规定:"中华人民共和国公民有维护祖国的安全、荣誉和利益的义务,不得有危害祖国的安全、荣誉和利益的行为。"维护祖国安全,是指国家的领土完整和主权不受干扰,国家政权不受威胁。任何组织和个人进行危害中华人民共和国国家安全的行为都必须受到法律追究。维护祖国荣誉,是指国家的声誉和荣誉不受损害,对有辱祖国荣誉,损害祖国利益的行为给予法律制裁。祖国利益是国家共同利益的集中体现,是相对集体利益和个人利益而言的。公民在享受宪法规定的权利和自由的同时,必须自觉地维护祖国利益,与损害祖国利益行为作斗争。

（五）依照法律服兵役和参加民兵组织

《宪法》第 55 条规定:"保卫祖国、抵抗侵略是中华人民共和国每一个公民的神圣职责。依照法律服兵役和参加民兵组织是中华人民共和国公民的光荣义务。"国家的主权独立,领土完整是我国现代化建设和其他事业能够顺利进行的关键,它不仅关系到祖国的前途和命运,而且关系到人民生活的安定和幸福。因此,保卫祖国、依法服兵役和参加民兵组织是每一位公民的光荣职责。

（六）依照法律纳税

纳税义务是指纳税人依法向税收部门按一定比例缴纳税款的义务。纳税作为法律义务,具有强制性。国家对拒绝纳税或者偷税、骗税、抗税的行为,要给予法律制裁。在法治国家,纳税额是根据纳税者的能力来确定的,为社会各阶级普遍接受,并可以缓解收入不公造成的矛盾,维护社会稳定。税收作为国家进行宏观调控的经济杠杆,有利于调节经济运行,而且政府通过税收为纳税人提供公共设施和公共服务。

此外,公民基本义务还包括,夫妻双方有实行计划生育的义务,父母有抚养、教育未成年子女的义务,成年子女有赡养扶助父母的义务。《宪法》还规定,公民的劳动和受教育既是权利,又是义务。

以案释法

法律面前人人平等

【案情介绍】党的十八大以来,各级纪检监察机关按照党中央、国务院和中央纪委的要求和部署,坚持党要管党、从严治党,采取有效措施,坚持"老虎""苍蝇"一起打,不断加大办案工作力度,始终保持惩治腐败高压态势,着力清除危害党的肌体健康的毒瘤,振奋了党心民心,纯洁了党的队伍。中央纪委监察部的数据显示,2015年,中央纪委共查处违反中央八项规定精神的问题3.7万起、4.9万人,给予党纪政纪处分3.4万人。一系列行动,一组组数据,让人民群众拍手称快,让腐败分子不寒而栗。

【案例评析】《宪法》第33条第2款规定:"中华人民共和国公民在法律面前一律平等。"第5条第4款、第5款规定:"一切国家机关和武装力量、各政党和各社会团体、各企业事业组织都必须遵守宪法和法律。一切违反宪法和法律的行为,必须予以追究。任何组织或者个人都不得有超越宪法和法律的特权。"这些规定具体体现了我国公民权利义务平等性的特点。这一特点主要表现在三个方面:(1)任何公民既平等地享受权利,又平等地履行义务;(2)任何公民在享有权利和适用法律上一律平等;(3)宪法明确规定反对特权,有利于平等原则的贯彻执行。腐败现象严重损害党和国家的肌体,破坏党和政府的声誉。中央加大反腐力度,下决心查处大案要案,并取得显著成效,贯彻、执行了"法律面前人人平等"的宪法原则,增强了全党和全国人民长期坚持反腐败斗争的信心,使反腐败斗争保持了健康发展的势态。

依法纳税是每个公民的应尽的义务

【案情介绍】2015年10月17日,四川省成都市某税务所的数名税务人员前往辖区某地进行税务检查。在检查到张某所开的饭店时,张某阻止税务人员进入饭店进行检查,并辱骂税务人员。在税务人员多次耐心地向其宣传依法纳税的义务无效的情况下,税务人员依照有关规定对其饭店进行强行检查。当发现张某2015年5月开办饭店以来,多次拒绝向税务所申报纳税,欠税总额12859.92元的违法事实时,张某恼羞成怒,居然公开威胁并欲殴打税务人员,并引起不明真相的围观群众的起哄和抓扯,致使数名税务人员受伤。在派出所民警的制止下才平息了事态。

【案例评析】《宪法》第56条规定："中华人民共和国公民有依照法律纳税的义务。"依法纳税是每个纳税企业和个人对国家应尽的光荣义务,是支援祖国建设的实际行动,是爱国的表现。但是,现实生活中,也有个别企业和个人由于法律意识淡薄,存在着偷税、漏税和抗税的现象。像本案中的张某,以暴力、威胁方法拒不缴纳税款,就是一种严重违法的抗税行为,理应受到法律制裁。《中华人民共和国税收征收管理法》第67条明确规定:"以暴力、威胁方法拒不缴纳税款的,是抗税,除由税务机关追缴其拒缴的税款、滞纳金外,依法追究刑事责任。情节轻微,未构成犯罪的,由税务机关追缴其拒缴的税款、滞纳金,并处拒缴税款一倍以上五倍以下的罚款。"

第四节　国家机构

国家机构是一定社会的统治阶级为实现其统治职能而建立起来的进行国家管理和执行统治职能的国家机关的总和。

中华人民共和国的国家机构包括:全国人民代表大会;中华人民共和国主席;中华人民共和国国务院;中华人民共和国中央军事委员会;地方各级人民代表大会和地方各级人民政府;民族自治地方的自治机关;人民法院和人民检察院。

一、中央机构

(一)全国人民代表大会

中华人民共和国全国人民代表大会是最高国家权力机关。它的常设机关是全国人民代表大会常务委员会。全国人民代表大会和全国人民代表大会常务委员会行使国家立法权。全国人民代表大会由省、自治区、直辖市、特别行政区和军队选出的代表组成。各少数民族都应当有适当名额的代表。

全国人民代表大会行使下列职权:(1)修改宪法。(2)监督宪法的实施。(3)制定和修改刑事、民事、国家机构的和其他的基本法律。(4)选举中华人民共和国主席、副主席。(5)根据中华人民共和国主席的提名,决定国务院总理的人选;根据国务院总理的提名,决定国务院副总理、国务委员、各部部长、各委员会主任、审计长、秘书长的人选。(6)选举中央军事委员会主席;根据中央军事委员会主席的提名,决定中央军事委员会其他组成人员的人选。(7)选举最高人民法院院长。(8)选举最高人民检察院检察长。(9)审查和批准国民经济和社会发展计划和计划执行情况的报告。(10)审查和批准国家的预算和预算执行情况的报告。(11)改变或者撤销全国人民代表大会常务委员会不适当的决定。(12)批准省、自治区和直辖市的建置。(13)决定特别行政区的设立及其制度。(14)决定战争和和平的问题。(15)应当由最高国家权力机关行使的其他职权。

全国人民代表大会常务委员会行使下列职权:(1)解释宪法,监督宪法的实施。(2)制定和修改除应当由全国人民代表大会制定的法律以外的其他法律。(3)在全国人民代表大会闭会期间,对全国人民代表大会制定的法律进行部分补充和修改,但是不得同该法律的基本原则相抵触。(4)解释法律。(5)在全国人民代表大会闭会期间,审查和批准国民经济和社会发展计划、国家预算在执行过程中所必须作的部分调整方案。(6)监督国务院、中央军事委员会、最高人民法院和最高人民检察院的工作。(7)撤销国务院制定的同宪法、法律相抵触的行政法规、决定和命令。(8)撤销省、自治区、直辖市国家权力机关制定的同宪法、法律和行政法规相抵触的地方性法规和决议。(9)在全国人民代表大会闭会期间,根据国务院总理的提名,决定部长、委员会主任、审计长、秘书长的人选。(10)在全国人民代表大会闭会期间,根据中央军事委员会主席的提名,决定中央军事委员会其他组成人员的人选。(11)根据最高人民法院院长的提请,任免最高人民法院副院长、审判员、审判委员会委员和军事法院院长。(12)根据最高人民检察院检察长的提请,任免最高人民检察院副检察长、检察员、检察委员会委员和军事检察院检察长,并且批准省、自治区、直辖市的人民检察院检察长的任免。(13)决定驻外全权代表的任免。(14)决定同外国缔结的条约和重要协定的批准和废除。(15)规定军人和外交人员的衔级制度和其他专门衔级制度。(16)规定和决定授予国家的勋章和荣誉称号。(17)决定特赦。(18)在全国人民代表大会闭会期间,如果遇到国家遭受武装侵犯或者必须履行国际间共同防止侵略的条约的情况,决定战争状态的宣布。(19)决定全国总动员或者局部动员。(20)决定全国或者个别省、自治区、直辖市进入紧急状态。(21)全国人民代表大会授予的其他职权。

(二)中华人民共和国主席

中华人民共和国主席、副主席由全国人民代表大会选举。有选举权和被选举权的年满45周岁的中华人民共和国公民可以被选为中华人民共和国主席、副主席。中华人民共和国主席根据全国人民代表大会的决定和全国人民代表大会常务委员会的决定,公布法律,任免国务院总理、副总理、国务委员、各部部长、各委员会主任、人民银行行长、审计长、秘书长,授予国家的勋章和荣誉称号,发布特赦令,宣布进入紧急状态,宣布战争状态,发布动员令。中华人民共和国主席代表中华人民共和国,进行国事活动,接受外国使节;根据全国人民代表大会常务委员会的决定,派遣和召回驻外全权代表,批准和废除同外国缔结的条约和重要协定。

(三)中华人民共和国国务院

中华人民共和国国务院,即中央人民政府,是最高国家权力机关的执行机关,是最高国家行政机关,由总理、副总理、国务委员、各部部长、各委员会主任、人民银行行长、审计长、秘书长组成。国务院实行总理负责制。各部、各委员会实行部长、主任负责制。

国务院行使下列职权:(1)根据宪法和法律,规定行政措施,制定行政法规,发布决定和命令。(2)向全国人民代表大会或者全国人民代表大会常务委员会提出议案。(3)规定各部和各委员会的任务和职责,统一领导各部和各委员会的工作,并且领导不属于各部和各委员会的全国性的行政工作。(4)统一领导全国地方各级国家行政机关的工作,规定中央和省、自治区、直辖市的国家行政机关的职权的具体划分。(5)编制和执行国民经济和社会发展计划和国家预算。(6)领导和管理经济工作和城乡建设。(7)领导和管理教育、科学、文化、卫生、体育和计划生育工作。(8)领导和管理民政、公安、司法行政和监察等工作。(9)管理对外事务,同外国缔结条约和协定。(10)领导和管理国防建设事业。(11)领导和管理民族事务,保障少数民族的平等权利和民族自治地方的自治权利。(12)保护华侨的正当的权利和利益,保护归侨和侨眷的合法的权利和利益。(13)改变或者撤销各部、各委员会发布的不适当的命令、指示和规章。(14)改变或者撤销地方各级国家行政机关的不适当的决定和命令。(15)批准省、自治区、直辖市的区域划分,批准自治州、县、自治县、市的建置和区域划分。(16)依照法律规定决定省、自治区、直辖市的范围内部分地区进入紧急状态。(17)审定行政机构的编制,依照法律规定任免、培训、考核和奖惩行政人员。(18)全国人民代表大会和全国人民代表大会常务委员会授予的其他职权。

（四）中华人民共和国中央军事委员会

中华人民共和国中央军事委员会领导全国武装力量。中央军事委员会由主席，副主席若干人，委员若干人组成。中央军事委员会实行主席负责制。中央军事委员会主席对全国人民代表大会和全国人民代表大会常务委员会负责。

（五）最高人民法院和最高人民检察院

中华人民共和国人民法院是国家的审判机关。中华人民共和国设立最高人民法院、地方各级人民法院和军事法院等专门人民法院。最高人民法院是最高审判机关。最高人民法院监督地方各级人民法院和专门人民法院的审判工作，上级人民法院监督下级人民法院的审判工作。最高人民法院对全国人民代表大会和全国人民代表大会常务委员会负责。地方各级人民法院对产生它的国家权力机关负责。

中华人民共和国人民检察院是国家的法律监督机关。中华人民共和国设立最高人民检察院、地方各级人民检察院和军事检察院等专门人民检察院。最高人民检察院是最高检察机关。最高人民检察院领导地方各级人民检察院和专门人民检察院的工作，上级人民检察院领导下级人民检察院的工作。最高人民检察院对全国人民代表大会和全国人民代表大会常务委员会负责。地方各级人民检察院对产生它的国家权力机关和上级人民检察院负责。

二、地方机构

（一）地方各级人民代表大会

地方各级人民代表大会是地方国家权力机关。县级以上的地方各级人民代表大会设立常务委员会。省、直辖市、设区的市的人民代表大会代表由下一级的人民代表大会选举；县、不设区的市、市辖区、乡、民族乡、镇的人民代表大会代表由选民直接选举。地方各级人民代表大会代表名额和代表产生办法由法律规定。地方各级人民代表大会每届任期5年。

地方各级人民代表大会在本行政区域内，保证宪法、法律、行政法规的遵守和执行；依照法律规定的权限，通过和发布决议，审查和决定地方的经济建设、文化建设和公共事业建设的计划。县级以上的地方各级人民代表大会审查和批准本行政区域内的国民经济和社会发展计划、预算以及它们的执行情况的报告；有权改变或者撤销本级人民代表大会常务委员会不适当的决定。

民族乡的人民代表大会可以依照法律规定的权限采取适合民族特点的具体措施。

（二）地方各级人民政府

根据1982年宪法和现行地方各级人民代表大会和地方各级人民政府组织法的规定，地方各级人民政府是地方各级国家权力机关的执行机关，是地方各级国家行政机关。地方各级人民政府实行省长、市长、县长、区长、乡长、镇长负责制。地方各级人民政府对本级人民代表大会负责并报告工作；县级以上的地方各级人民政府在本级人民代表大会闭会期间，对本级人民代表大会常务委员会负责并报告工作。

地方各级人民政府作为地方国家行政机关，必须执行上级国家行政机关的行政法规、规章、决定、命令。同时，享有管理本行政区域内的行政工作的职权，但地方各级人民政府必须依法行使行政职权，因此，地方各级人民政府对上级国家行政机关负责并报告工作。

以案释法

公民有权对违宪的法律法规提出审查建议

【案情介绍】2003年5月14日，一份名为"关于审查《城市流浪乞讨人员收容遣送办法》的建议书"，传真至全国人大常委会法制工作委员会。这个建议的提交者是华中科技大学的俞江、中国政法大学的腾彪和北京邮电大学的许志永三位法学博士。在建议中，三位博士认为，国务院1982年颁布的《城市流浪乞讨人员收容遣送办法》，与中国宪法和有关法律相抵触。因此，作为中华人民共和国公民，他们建议全国人大常委会审查《城市流浪乞讨人员收容遣送办法》。

【案例评析】根据《中华人民共和国立法法》第90条（修改后第99条）的规定，国务院、中央军事委员会、最高人民法院、最高人民检察院和各省、自治区、直辖市的人民代表大会常务委员会认为行政法规、地方性法规、自治条例和单行条例同宪法或者法律相抵触的，可以向全国人民代表大会常务委员会书面提出进行审查的要求，由常务委员会工作机构分送有关的专门委员会进行审查、提出意见。前款规定以外的其他国家机关和社会团体、企业事业组织以及公民认为行政法规、地方性法规、自治条例和单行条例同宪法或者法律相抵触的,可以向全国人民代表大会常务委员会书面提出进行审查的建议,由常务委员会工作机构进行研究,必要时,送有关的专门委员会进行审查、提出意见。本案中,对国务院 1982 年颁布的《城市流浪乞讨人员收容遣送办法》的审查,三博士是以普通公民的身份,向全国人大常委会提出审查意见的,是完全符合我国有关行政法规监督的法律程序的。

思考题

1.宪法的基本特征是什么?

2.我国宪法的基本原则有哪些?

3.我国的国家性质包括哪些基本点?

4.我国选举制度的基本原则包括哪些?

5.我国宪法规定的社会经济权利包括哪些内容?

法律链接

权威解读

专家观点

本章自测

第三章　教育法律知识

第一节　教育与教育法

一、教育的概念

广义的教育泛指一切有目的地影响人的身心发展的社会实践活动。狭义的教育主要指学校教育，即教育者根据一定的社会要求和受教育者的发展规律，有目的、有计划、有组织地对受教育者的身心施加影响，期望受教育者发生预期变化的活动。它不仅包括全日制的学校教育，而且也包括半日制的、业余的学校教育、函授教育、刊授教育、广播学校和电视学校的教育等。它是根据一定社会的现实和未来的需要，遵循年轻一代身心发展的规律，有目的、有计划、有组织、系统地引导受教育者获得知识技能、陶冶思想品德、发展智力和体力的一种活动，以便把受教育者培养成为适应一定社会（或一定阶段）的需要和促进社会发展的人。

二、教育的分类

（一）学前教育

学前教育是教育活动的最初阶段，是人生第一个教育阶段。广义的学前教育是指所有对学龄前儿童身心发展有影响的活动，它来自社会、学校、家庭各个方面。狭义的学前教育是指专门的学前教育机构所实施的教育，即托儿所、幼儿园的教育。

（二）初等教育

初等教育即小学教育，或称基础教育，是使受教育者打下文化知识基础和作好初步生活准备的教育。通常指一个国家学制中的第一个阶段的教育，对象一般为 6 至 12 岁儿童。这种教育对提高国家民族文化水平极为重要,因此各国在其经济文化发展的一定历史阶段都把它定为实施义务教育或普及教育的阶段。

(三)中等教育

在初等教育基础上继续实施的中等普通教育和中等专业教育。实施中等教育的各类学校为中等学校,普通中学是其主要部分,担负着为高一级学校输送合格新生以及为国家建设培养劳动后备力量的双重任务。中等专业学校包括中等技术学校、中等师范学校,担负着为国民经济各部门培养中等专业技术人员的任务。

(四)高等教育

高等教育是在完成中等教育的基础上进行的专业教育,是培养高级专门人才的社会活动。我国高等教育学历有三种:普通高等教育、成人高等教育、高等教育自学考试。

三、教育法概述

(一)立法宗旨

我国教育法的立法宗旨是为了发展教育事业,提高全民族的素质,促进社会主义物质文明和精神文明建设。

(二)教育法的渊源

1.教育法渊源的概念

教育法的渊源,是指教育法的法律效力的来源,包括教育法的创制方式和教育法律规范的外部表现形式。

2.教育法的渊源

我国教育法的基本渊源是有权创制法律规范的国家机关制定发布的规范性法律文件。规范性法律文件,简称规范性文件,是指由国家机关制定并发布的、具有普遍约束力的法律文件。

我国教育法的主要渊源是:宪法、教育法律、教育行政法规、地方教育法规及规章等。

(1)宪法。宪法是国家的根本大法,在我国法的渊源体系中占据首要地位,具有最高的法律效力,是我国全部立法工作的基础和根据,一切规范性文件皆不能与宪法相抵触。宪法作为教育法的渊源，规定了我国教育的社会性质、目的任务、结构系统、办学体制、管理体制，规定了我国教育的社会性质、目的任务、结构系统、办学体制、管理体制，规定了公民有受教育的权利和义务，规定了对少数民族、妇女和有残疾的公民在教育方面予以帮助，规定了对未成年人的保护，规定了学校的教学用语，规定了宗教与教育的关系，这些都是各种形式和层级的教育立法的主要依据和最高依据。任何形式的教育法都不得与宪法相抵触，否则便是违宪。

（2）教育法律。教育法律是国家最高权力机关—全国人大及其常委会制定的教育规范性文件，其效力仅次于宪法。

（3）教育行政法规。教育行政法规由国家最高行政机关即国务院制定的关于教育的规范性文件，其效力仅次于宪法和法律。

（4）部委教育规章。部委教育规章是指国务院各部委（主要是教育部）根据法律和行政法规在本部门权限内所制定的关于教育的规范性文件。相对于教育法律和教育行政法规而言，教育规章的数量很大。

（5）地方教育法规。地方教育法规是由地方人大或其常委会制定的关于教育的规范文件。省、自治区、直辖市的人大及其常委会，在不同宪法、法律、行政法规相抵触的前提下，可以制定地方性法规，报全国人大常委会备案。省、自治区人民政府所在地的市和经国务院批准的较大的市的人大常委会，可以拟定本市需要的地方性法规草案，提请省、自治区人大常委会审议制定，并报全国人大常委会和国务院备案。

（6）地方教育规章。地方教育规章，是由地方政府制定。有关法律规定，省、自治区、直辖市以及省、自治区人民政府所在地的市和经国务院批准的较大的市的人民政府，可以根据法律和行政法规，制定规章。地方性教育规章的效力低于同级的地方性教育法规的效力。

（三）教育法的基本原则

教育的基本原则是发展我国教育事业所必须遵循的基本要求和准则。我国教育的基本原则是根据国家教育方针和教育的客观规律制定的。它同时也是我国社会主义教育实践经验的总结，是在批判继承历史遗产和吸收国外教育经验的基础上丰富发展起来的。根据《中华人民共和国教育法》（以下简称《教育法》）的规定，我国教育的基本原则可以概括为以下几点：

1.对受教育者进行政治思想道德教育的原则

《教育法》第 6 条第 2 款规定:"国家在受教育者中进行爱国主义、集体主义、社会主义的教育,进行理想、道德、纪律、法制、国防和民族团结的教育。"教育的根本目的是教书育人,教书是途径和手段,育人是根本和目的。我国在建设有中国特色社会主义的过程中,面临着一场深刻的社会转型,重视对青少年的思想道德教育,具有重大意义。思想道德教育是一项社会系统工程,国家通过立法把它放在突出的地位,全社会都应当积极参与,学校教育、家庭教育和社会教育应当密切配合,共同履行这一神圣的法律责任。

2.继承和吸收优秀文化成果的原则

《教育法》第 7 条规定:"教育应当继承和弘扬中华民族优秀的历史文化传统,吸收人类文明发展的一切优秀成果。"中国是世界上历史最悠久的国家之一,创造了光辉灿烂的文化,具有光荣的文化传统。这些构成了极为丰富的思想宝库,滋养着世代的人民,成为中华民族的凝聚力和发展基础之所在。所以必须认真研究和继承我国历史上优秀的道德文化、智力文化和艺术文化,并赋予其新的时代内涵。

3.教育公益性原则

《教育法》第 8 条第 1 款规定:"教育活动必须符合国家和社会公共利益。"第 26 条第 3 款规定:"以财政性经费、捐赠资产举办或者参与举办的学校及其他教育机构不得设立为营利性组织。"教育的公共性、公益性,是社会主义现代教育的特征。我国是社会主义国家,《教育法》明确规定在中国境内举办学校及其他教育机构应当坚持公益性,不得以营利为目的举办学校及其他教育机构;教育必须面向全体公民,对国家、人民和社会公共利益负责;教育活动应当依法接受国家、社会的监督,任何人从事教育活动,必须遵守宪法和法律,不得违背或损害国家利益、人民利益和社会公共利益,否则,必将受到法律的制裁。

4.教育与宗教相分离原则

《教育法》第 8 条第 2 款规定:"国家实行教育与宗教相分离。任何组织和个人不得利用宗教进行妨碍国家教育制度的活动。"在国民教育和公共教育中,不允许宗教团体和个人办学进行宗教教育,不允许利用宗教进行妨碍国家教育制度的活动。

5.受教育机会平等原则

《教育法》第9条规定:"中华人民共和国公民有受教育的权利和义务。公民不分民族、种族、性别、职业、财产状况、宗教信仰等,依法享有平等的受教育机会。"具体而言有以下三层意思:(1)公民享有不可剥夺的平等受教育权利。这种权利是由宪法来确认的。受教育,既是每个公民的法定权利,同时也是每个公民应当履行的义务。(2)义务教育阶段公民的就学机会平等。义务教育是国家对全体儿童和青少年实施的关系到国民素质和国家命运的免费教育。这个阶段所受的教育质量如何,将影响到公民以后的职业选择的机会和竞争能力。所以,该阶段不仅要让所有的适龄公民都能上学,而且要保证他们受到质量相当的教育,获得尽可能平等的教育效果。(3)义务教育阶段后,即初中教育后,公民的入学机会、竞争机会、成功机会均等。

6.帮助特殊地区和保护弱势群体的原则

《教育法》第10条规定:"国家根据各少数民族的特点和需要,帮助各少数民族地区发展教育事业。国家扶持边远地区发展教育事业。国家扶持和发展残疾人教育事业。"我国地域辽阔,民族众多,地区发展很不平衡,教育的基础也有很大差别。尤其是在少数民族地区和边远贫困地区,教育条件更为艰苦。为了提高这些地区的教育发展水平,促进各民族、各地区共同繁荣,国家必须对少数民族地区给予特殊的扶持和帮助。

残疾人作为我国公民的一个组成部分,与正常人一样享有学习权、发展权。同时,我国《宪法》第45条第3款规定:"国家和社会帮助安排盲、聋、哑和其他有残疾的公民的劳动、生活和教育。"因此,必须对残疾人教育采取特殊扶植和帮助的政策,以保护弱势群体的受教育权。

7.建立和完善终身教育体系原则

《教育法》第11条第1款规定:"国家适应社会主义市场经济发展和社会进步的需要,推进教育改革,推动各级各类教育协调发展衔接融通,完善现代国民教育体系,健全终身教育体系,提高教育现代化水平。"现代科技的迅猛发展和社会生活的变革加剧,导致教育需求的不断增长,传统的学校教育已经不能完全满足社会变革的需要,终身教育应运而生。我国以《教育法》的形式把建立和完善终身教育体系定为我国教育体系改革和发展的目标之一。

8.鼓励教育科学研究原则

《教育法》第11条第3款规定:"国家支持、鼓励和组织教育科学研究,推广教育科学研究成果,促进教育质量提高。"要想全面提高教育质量,推进教育改革,发挥教育的最大社会效益,就必须加强教育科研,以科研为先导,使教育工作按科学规律办事。鼓励教育科研,除了国家的支持和组织外,科研部门还要努力提高科研质量,注重理论对实践的指导意义。

9.使用通用语言文字教育教学原则

《教育法》第12条规定:"国家通用语言文字为学校及其他教育机构的基本教育教学语言文字,学校及其他教育机构应当使用国家通用语言文字进行教育教学。民族自治地方以少数民族学生为主的学校及其他教育机构,从实际出发,使用国家通用语言文字和本民族或者当地民族通用的语言文字实施双语教育。国家采取措施,为少数民族学生为主的学校及其他教育机构实施双语教育提供条件和支持。"

10.奖励突出贡献原则

《教育法》第13条规定:"国家对发展教育事业作出突出贡献的组织和个人,给予奖励。"这是国家重视教育事业的表现。它有利于提高教师及教育工作的社会地位,有利于调动广大教师的积极性,并激发他们的使命感,有利于教师队伍的建设和发展,有利于在全社会形成尊师重教的良好风气。

四、教育制度

(一)教育制度的概念

教育制度是指一个国家各级各类教育机构与组织体系有机构成的总体及其正常运行所需的种种规范、规则或规定的总和。教育机构包含有学前教育机构、学校教育机构、业余教育机构、社会教育机构等,还包括各机构间的组织关系、各机构的任务、组织管理等,它的设立主体是国家,是国家教育方针制度化的体现。是社会制度中的一种,与政治、经济、文化、宗教、家庭制度并存于社会结构之中。

(二)基本教育制度

1.国家实行学前教育、初等教育、中等教育、高等教育的学校教育制度

国家建立科学的学制系统。学制系统内的学校和其他教育机构的设置、

教育形式、修业年限、招生对象、培养目标等,由国务院或者由国务院授权教育行政部门规定。

2.国家实行九年制义务教育制度

凡具有中华人民共和国国籍的适龄儿童、少年,不分性别、民族、种族、家庭财产状况、宗教信仰等,依法享有平等接受义务教育的权利,并履行接受义务教育的义务。

3.国家实行职业教育制度和继续教育制度

各级人民政府、有关行政部门以及企业事业组织应当采取措施,发展并保障公民接受职业学校教育或者各种形式的职业培训。国家鼓励发展多种形式的继续教育,使公民接受适当形式的政治、经济、文化、科学、技术、业务等方面的教育,促进不同类型学习成果的互认和衔接,推动全民终身学习。

4.国家实行国家教育考试制度

国家教育考试由国务院教育行政部门确定种类,并由国家批准的实施教育考试的机构承办。国家教育考试是指国家批准实施教育考试的机构根据一定的考试目的,对受教育者的知识水平和能力按一定的标准所进行的测定。国家教育考试主要包括:(1)入学考试,如高考、中考、研究生入学考试等;(2)水平考试,如高中会考、汉语水平考试、外语水平考试等;(3)文凭考试,如自学考试、学历文凭考试等。实行国家教育考试制度对于实现教育机会均等、保护受教育者的合法权益具有十分重要的意义。

5.国家实行学业证书制度

学业证书制度是指当受教育者完成了一定阶段、一定范围和程度的知识和技能的学习,达到了国家规定的教育标准之后,受教育者所在学校或其他教育机构根据《教育法》的规定,向受教育者颁发证明其完成规定学业的学业证书的制度。学业证书通常与国家的学制系统相联系,受教育者接受完不同阶段或不同类型的教育,可以获得同时也只能获得相应阶段或相应类型的学业证书。经国家批准设立或者认可的学校及其他教育机构按照国家有关规定,颁发学历证书或者其他学业证书。

6.国家实行学位制度

学位授予单位依法对达到一定学术水平或者专业技术水平的人员授予相应的学位,颁发学位证书。学位制度,即为针对学位授予的级别、学位获得者的资格、学位评定、学位管理而设立的制度。我国的学位分为学士、硕士和博士三级。学科门类分为哲学、经济学、法学(包括政治学、社会学、民族学等)、数学、教育学(包括体育学)、文学(包括语言学、艺术学、图书馆学)、历史学、理学、工学、医学、管理学、军事学 12 类。

7. 国家实行教育督导制度和学校及其他教育机构教育评估制度

教育督导是指县级以上各级人民政府为保证国家有关教育的法律、法规、方针政策的贯彻执行和教育目的的实现,对所辖地区的教育工作进行监督、检查、指导、评估的制度。

教育评估是指各级教育行政部门或者经过教育行政部门认可的社会组织,对学校及其他教育机构的办学水平、办学质量、办学条件等方面,进行综合的或者单项的考核和评定的制度。通过教育评估,可以有利于增强学校及其他教育机构主动适应社会需要的能力,发挥社会对学校教育的监督作用,不断提高办学水平和办学质量。

五、国家财政对教育经费的保障

国家建立以财政拨款为主、其他多种渠道筹措教育经费为辅的体制,逐步增加对教育的投入,保证国家举办的学校教育经费的稳定来源。企业事业组织、社会团体及其他社会组织和个人依法举办的学校及其他教育机构,办学经费由举办者负责筹措,各级人民政府可以给予适当支持。国家财政性教育经费支出占国民生产总值的比例应当随着国民经济的发展和财政收入的增长逐步提高。具体比例和实施步骤由国务院规定。全国各级财政支出总额中教育经费所占比例应当随着国民经济的发展逐步提高。

各级人民政府的教育经费支出,按照事权和财权相统一的原则,在财政预算中单独列项。各级人民政府教育财政拨款的增长应当高于财政经常性收入的增长,并使按在校学生人数平均的教育费用逐步增长,保证教师工资和学生人均公用经费逐步增长。国务院及县级以上地方各级人民政府应当设立教育专项资金,重点扶持边远贫困地区、少数民族地区实施义务教育。税务机关依法足额征收教育费附加,由教育行政部门统筹管理,主要用于实施义务教育。省、自治区、直辖市人民政府根据国务院的有关规定,可以决定开征用于教育的地方附加费,专款专用。

国家鼓励境内、境外社会组织和个人捐资助学。国家财政性教育经费、社会组织和个人对教育的捐赠,必须用于教育,不得挪用、克扣。国家鼓励运用金融、信贷手段,支持教育事业的发展。

六、国家和社会各界对教育的支持

我国教育法还充分体现了国家和社会各界对教育的支持。具体表现为以下方面:(1)国家机关、军队、企业事业组织、社会团体及其他社会组织和个人,应当依法为儿童、少年、青年学生的身心健康成长创造良好的社会环境。(2)国家鼓励企业事业组织、社会团体及其他社会组织同高等学校、中等职业学校在教学、科研、技术开发和推广等方面进行多种形式的合作。企业事业组织、社会团体及其他社会组织和个人,可以通过适当形式,支持学校的建设,参与学校管理。(3)学校及其他教育机构在不影响正常教育教学活动的前提下,应当积极参加当地的社会公益活动。(4)未成年人的父母或者其他监护人应当为其未成年子女或者其他被监护人受教育提供必要条件。未成年人的父母或者其他监护人应当配合学校及其他教育机构,对其未成年子女或者其他被监护人进行教育。学校、教师可以对学生家长提供家庭教育指导。(5)图书馆、博物馆、科技馆、文化馆、美术馆、体育馆(场)等社会公共文化体育设施,以及历史文化古迹和革命纪念馆(地),应当对教师、学生实行优待,为受教育者接受教育提供便利。广播、电视台(站)应当开设教育节目,促进受教育者思想品德、文化和科学技术素质的提高。(6)国家、社会建立和发展对未成年人进行校外教育的设施。学校及其他教育机构应当同基层群众性自治组织、企业事业组织、社会团体相互配合,加强对未成年人的校外教育工作。(7)国家鼓励社会团体、社会文化机构及其他社会组织和个人开展有益于受教育者身心健康的社会文化教育活动。

以案释法

保障适龄儿童受教育权

【案情介绍】案情一:小陈在某县实验初级中学上初三,临近中考,学校搞了一次摸底考试,并划定了一个分数线,规定凡低于这个分数线的学生都将被班主任"劝退",不能报名参加当年的中考。考试结果出来,小陈的名字赫然在被"劝退"之列。小陈的父亲曾找过班主任和学校领导,要求学校准许孩子报名,但被学校拒绝。小陈的父亲说:"孩子才16岁,这么小就流向社会,今后可咋办呢?"

案情二:原本在某县乡镇中学读初一的小弘,刚刚13岁就不得不结束了自己的学生生活。2013年10月的一天,小弘的母亲被学校领导叫去,说是小弘太淘气,刚上学一个月就在学校打了两次架。校长说:"孩子影响了学校的秩序,不能再留在学校。"经过孩子母亲再三请求,小弘还是没能留在学校。

【案例评析】在第一个案件中,根据《中华人民共和国义务教育法》第4条规定,凡具有中华人民共和国国籍的适龄儿童、少年,不分性别、民族、种族、家庭财产状况、宗教信仰等,依法享有平等接受义务教育的权利,并履行接受义务教育的义务。本案中某县实验初级中学初三学生小陈属于义务教育阶段的在校生,学校应当依法保护其接受义务教育的权利,不得以任何理由和借口,包括"劝退"的方式,来侵犯适龄儿童少年接受义务教育的权利。

第二个案例中,学校一方面没有依法保护小弘接受义务教育的权利,同时还违反了《中华人民共和国义务教育法》第27条"对违反学校管理制度的学生,学校应当予以批评教育,不得开除"的规定。对于小弘"太淘气""在学校打了两次架",依据法律的规定,学校首先应当批评教育,对学生负有教育的义务,不能简单地将学生推出校门,更不能随意开除学生。如果学生屡教不改,严重影响了教育教学秩序,可按照有关法律规定的程序,将具有《中华人民共和国预防未成年人犯罪法》规定的严重不良行为的适龄少年转送入专门的学校,继续接受义务教育,并接受对严重不良行为的矫治,而不得随意开除。

第二节　教育法律关系

一、教育法律关系的概念

教育法律关系是指教育法律规范在调整教育社会关系中所形成的人们之间的权利与义务关系。教育法律关系由教育法律关系的主体、客体和内容三个要素构成。

教育法律关系是法律关系的一种,而法律关系又是社会关系中的一类。

人们在社会生活中以不同形式结成了广泛的社会关系，如公民关系、行政关系、经济关系、婚姻关系、教育关系等。但并非所有的社会关系都是法律关系。某一社会关系只有当它适用法律规范来调整，并在这一关系的参加者之间形成一定的权利和义务关系时，才构成法律关系。而经法律规范调整所构成的法律关系中，根据不同部门的法律规范，形成各种不同的法律关系，如民事法律关系、刑事法律关系、行政法律关系、经济法律关系等。适用教育法律规范调整的社会关系，就转化成为教育法律关系。这里的社会关系具体就是教育关系。

教育法律关系也是教育关系的一种。在教育活动中，教育活动主体之间可结成各种教育关系，如教与学的关系、教师与家庭、社会的关系等等。但并非所有的教育关系都会转化成为教育法律关系。教育法律关系与其他教育关系的区别就在于它是一种由具有法律强制性的行为规则所规范或调整的教育关系。可见，教育法律关系的产生以教育法律规范的存在为前提，只有适用教育法律规范调整的教育关系才能转化成为教育法律关系。

二、教育法律关系的主体

教育法律关系主体是指教育法律关系的参加者，即在教育法律关系中享有权利或承担义务的人。

教育法律关系主体的种类繁多，有国家、教育行政机关及其工作人员、学校及其他教育机构、教职员工、学生及其家长、用人单位、其他国家机关、企业事业单位、社会团体组织，还有外国人和无国籍人。这些概括起来主要有三种：一是自然人；二是机构和组织（法人）；三是国家。

要成为教育法律关系的主体需要具备享有权利和承担义务的资格，即要具备权利能力和行为能力。权利能力，是指由法律所确认的，能够参加一定的法律关系，依法享有一定的权利或承担一定义务的资格。这是教育法律关系主体参加任何教育法律关系都必须具备的前提条件。行为能力，是指法律所确认的，能够通过自己的行为参加法律关系确认的，行使一定权利和履行一定义务的资格。

三、教育法律关系的客体

教育法律关系的客体指教育权利和教育义务所共同指向的对象。教育法律关系客体主要包括以下几类：（1）物。法律上所说的物包括一切可以成为财产权利对象的自然之物和人造之物。以是否因为移动而改变用途和降低价值为标准，物又包括动产和不动产两部分。（2）行为。在教育法律关系客体的意义上，行为指的是权利和义务所指向的作为或不作为。主要包括行政机关的行政行为、学校及其他教育机构的管理行为和教育者与受教育者的教育教学行为等。（3）人身利益。包括人格利益和身份利益，是人格权和身份权的客体。主要是指公民（如教师、学生和其他个人主体）或者组织（如教育行政机关、学校及其他教育机构）的名称以及公民的生命健康、身体、肖像、名誉、身份、隐私等。

四、教育法律关系的内容

教育法律关系的内容是教育法律关系的组成要素之一，指的是教育法律关系的主体依据法律规定而享有的权利与义务。教育法律关系一旦产生，则其主体之间就在法律上形成了一种权利与义务关系。

（1）教育权利。教育法律权利指的是教育法律关系的主体依据教育法律规范享有的某种权能或利益，表现为教育法律关系的主体可以作出一定的行为，也可以要求他人作出或不作出一定行为。教育法律关系的参加者众多，但是主要包括学生，家长，国家，学校和教师这几类主体。受教育者的受教育权利，家长的教育权利，国家的教育权利，学校的教育权利和教师的教育权利。在这几种教育权中，学生的受教育权是最基本的教育权利。

（2）教育义务。教育法律义务是与教育法律权利相对称的一个概念，指的是教育法律关系的主体依据教育法律规范的规定必须承担和履行的某种责任，表现为教育法律关系的主体必须作出或不作出一定的行为。

第三节　教育法律体系

一、教育法律体系概念

法律体系，是指由一国现行的全部法律规范按照不同的法律部门分类组合而形成的一个呈体系化的有机联系的统一整体。我国教育法律体系是教育法作为社会主义法律体系的一个重要组成部分的系统结构,它是指一国现行教育法律规范所构成的完整的、内部协调一致的、有机联系的教育法律的整体系统。

二、教育法律体系内容

我国教育法律体系主要包括的法律法规有《中华人民共和国教育法》《中华人民共和国义务教育法》(以下简称《义务教育法》)《中华人民共和国职业教育法》(以下简称《职业教育法》)《中华人民共和国高等教育法》(以下简称《高等教育法》)《中华人民共和国教师法》《中华人民共和国学位条例》(以下简称《学位条例》)等。

(一)教育法

《教育法》是中国教育工作的根本大法,是依法治教的根本大法。《教育法》的颁布,标志着中国教育工作进入全面依法治教的新阶段,1995年3月18日,第八届全国人民代表大会第三次会议通过,2009年8月27日,根据第十一届全国人民代表大会常务委员会第十次会议《关于修改部分法律的决定》第一次修正,2015年12月27日,根据第十二届全国人民代表大会常务委员会第十八次会议《关于修改〈中华人民共和国教育法〉的决定》第二次修正。

《教育法》是为了发展教育事业,提高全民族的素质,促进社会主义物质文明和精神文明建设,根据宪法制定。《教育法》适用于在中华人民共和国境内的各级各类教育。我国《教育法》还规定,中华人民共和国公民有受教育的权利和义务。公民不分民族、种族、性别、职业、财产状况、宗教信仰等,依法享有平等的受教育机会。

(二)义务教育法

《义务教育法》1986年4月12日第六届全国人民代表大会第四次会议通过;2006年6月29日第十届全国人民代表大会常务委员会第二十二次会议修订;根据2015年4月24日第十二届全国人民代表大会常务委员会第十四次会议《全国人大常务委员会关于修改〈中华人民共和国义务教育法〉等五部法律的决定》第二次修订,由中华人民共和国主席令第25号发布,自公布之日起施行。

《义务教育法》是为了保障适龄儿童、少年接受义务教育的权利,保证义务教育的实施,提高全民族素质,根据宪法和教育法而制定的法律。新《义务教育法》明确了我国义务教育的公益性、统一性和义务性。这是义务教育的三个基本性质。(1)公益性。所谓公益性,主要体现在明确规定"不收学费、杂费"。(2)统一性。统一性是贯穿始终的一个理念。在《义务教育法》中,从始至终强调在全国范围内实行统一的义务教育,这个统一包括要制定统一的义务教育阶段教科书设置标准、教学标准、经费标准、建设标准、学生公用经费的标准等等。如《义务教育法》第 4 条规定:"凡具有中华人民共和国国籍的适龄儿童、少年,不分性别、民族、种族、家庭财产状况、宗教信仰等,依法享有平等接受义务教育的权利,并履行接受义务教育的义务。"(3)义务性。让适龄儿童、少年接受义务教育是学校、家长和社会的义务。谁违反这个义务,谁就要承担相应的法律责任。如《义务教育法》第 7 条规定:"义务教育实行国务院领导,省、自治区、直辖市人民政府统筹规划实施,县级人民政府为主管理的体制。"

(三)职业教育法

《职业教育法》是为了实施科教兴国战略,发展职业教育,提高劳动者素质,促进社会主义现代化建设,根据教育法和劳动法,制定的法规。《职业教育法》由中华人民共和国第八届全国人民代表大会常务委员会第十九次会议于1996 年 5 月 15 日修订通过,自 1996 年 9 月 1 日起施行。

《职业教育法》适用于各级各类职业学校教育和各种形式的职业培训。国家机关实施的对国家机关工作人员的专门培训由法律、行政法规另行规定。职业教育是国家教育事业的重要组成部分,是促进经济、社会发展和劳动就业的重要途径。国家发展职业教育,推进职业教育改革,提高职业教育质量,建立、健全适应社会主义市场经济和社会进步需要的职业教育制度。

(四)高等教育法

《高等教育法》由中华人民共和国第九届全国人民代表大会常务委员会第四次会议于 1998 年 8 月 29 日通过,自 1999 年 1 月 1 日起施行。

《高等教育法》是为了发展高等教育事业,实施科教兴国战略,促进社会主义物质文明和精神文明建设,根据宪法和教育法而制定。《高等教育法》适用于在中华人民共和国境内从事高等教育活动。《高等教育法》所称高等教育,是指在完成高级中等教育基础上实施的教育。

(五)教师法

《教师法》已由中华人民共和国第八届全国人民代表大会常务委员会第四

次会议于 1993 年 10 月 31 日通过,自 1994 年 1 月 1 日起施行。

我国《教师法》是为了保障教师的合法权益,建设具有良好思想品德修养和业务素质的教师队伍,促进社会主义教育事业的发展,根据宪法而制定。《教师法》适用于在各级各类学校和其他教育机构中专门从事教育教学工作的教师。根据教师法规定,教师是履行教育教学职责的专业人员,承担教书育人,培养社会主义事业建设者和接班人、提高民族素质的使命。教师应当忠诚于人民的教育事业。各级人民政府应当采取措施,加强教师的思想政治教育和业务培训,改善教师的工作条件和生活条件,保障教师的合法权益,提高教师的社会地位。全社会都应当尊重教师。每年 9 月 10 日为教师节。

(六)学位条例

《学位条例》自 1980 年 2 月 12 日第五届全国人民代表大会常务委员会第十三次会议通过,自 1981 年 1 月 1 日起施行。

《学位条例》是为了促进我国科学专门人才的成长,促进各门学科学术水平的提高和教育、科学事业的发展,以适应社会主义现代化建设的需要而制定的。根据我国《学位条例》的规定,凡是拥护中国共产党的领导、拥护社会主义制度,具有一定学术水平的公民,都可以按照本条例的规定申请相应的学位。学位分学士、硕士、博士三级。

以案释法

学生上课迟到拒不承认错误放弃接受教育学校不应负责

【案情介绍】原告胡某原系被告某中学高三年级学生。2013 年 11 月 10 日上午第三节课时,原告胡某迟到,因胡某等三人未承认错误,老师便叫他们打电话请各自的家长到学校联系。11 月 11 日上午,胡某的父亲带胡某到杨老师办公室,与老师发生言语上的冲突,胡某父亲并拍了杨老师的办公桌,杨老师要求胡某父亲赔礼道歉。胡父便找到该校校长,校长叫胡某先回教室上课,但胡某没有去。11 月 12 日上午,胡某母亲带胡某再次找到校长,校长叫他们向老师道歉后去上课,但胡某的母亲带胡某离开了学校。当天下午,胡某办理转学手续到其他中学就读。胡某认为原中学严重侵犯了其受教育的权利,并使其在同学中抬不起头来,要求被告向其赔礼道歉,消除影响,退回学杂费并赔偿精神损害赔偿金 1 万元。

【案例评析】根据我国《教育法》第 43 条规定,受教育者应当履行下列义务:"遵守学生行为规范,尊敬师长,养成良好的思想品德和行为习惯;遵守所在学校或者其他教育机构的管理制度。"原告上课迟到,违反了学生行为规范,其迟到的行为不加制止将影响原告的学习,作为教育者,被告的教师有责任制止和批评有害于学生健康成长的现象,而原告作为受教育者,应自觉遵守学校的管理制度,遵守学生行为规范,养成良好的行为习惯。本案中胡某上课迟到,任课老师要其向班主任杨老师说明情况,后杨老师对其进行了批评教育,并要他们通知家长来学校,目的是共同帮助胡某等三位学生改正错误,今后养成好的学习习惯。这是教育者杨老师在履行法定的教育职责。胡某作为高三年级学生,不自觉遵守学校的规章制度,且拒不承认错误是不对的,作为胡某的父亲,对胡某的行为应进行批评,支持老师对胡某的教育和管理,但其在胡某违反规章制度的情况下,不是要胡某在老师面前承认错误,而是当着胡某的面拍打杨老师的办公桌并骂老师,以上行为是错误的。后校长要胡某进教室上课,其未听校长的话进教室上课,并随即转学,应认定胡某自己放弃接受教育权利。胡某提出的不准其进教室上课就是剥夺了其受教育的权利的主张不能成立,故胡某请求判决被告公开赔礼道歉、消除影响并赔偿精神损害赔偿金 1 万元的理由不当,不予支持。但鉴于胡某已向被告缴纳学杂费,于学期中途转学到其他学校就读,被告应按权利义务相一致的原则,适当退还相关费用给胡某。

学生饮酒坠楼谁担责

【案情介绍】2011 年 4 月 6 日晚,同在某校就读的小王和小赵至学校食堂超市购买了 12 听罐装啤酒,带回位于三楼的小王隔壁寝室饮用。这时已接近查寝时间,小王同寝室同学通知她速回寝室。小王回寝室时,已处于喝醉状态的小赵跟随而至。之后,小赵的戒指掉落在寝室窗台外的空调外机附近,她便爬到窗外水泥板上寻找。小王看见后,为防止小赵从水泥板上坠落,也爬出窗外,站在空调机外机上,同时拉着小赵的手。在寻找戒指过程中,两人一同坠落在地。学校值班老师立即采取相应措施,拨打 120 急救电话将两人送医院急救。经诊断,小赵伤势轻微,小王腰椎体压缩性骨折。经手术和康复治疗,小王花去医疗费 13 万余元。小王遂将小赵、小赵父母及学校诉至法院,要求赔偿医疗费、残疾赔偿金、精神损害抚慰金、护理、误工、营养等费用近60万元。

【案例评析】法院经审理认为,小王、小赵虽年满12周岁,但仍为未成年人,不具备完全认知能力;《中华人民共和国未成年人保护法》第37条:禁止向未成年人出售烟酒,经营者应当在显著位置设置不向未成年人出售烟酒的标志;对难以判明是否已成年的,应当要求其出示身份证件。因此,无论是法律规定禁止向未成年人售酒,还是校规校纪所规定的学生不得在校内喝酒,学校均应采取相应措施保证法律及校规的实施。学校未采取有效措施避免未成年学生从校内购买酒类,这也是造成小王受伤的重要原因,故此学校方负有当然的责任。同时,根据《中华人民共和国侵权责任法》第16条规定,侵害他人造成人身损害的,应当赔偿医疗费、护理费、交通费等为治疗和康复支出的合理费用,以及因误工减少的收入。造成残疾的,还应当赔偿残疾生活辅助具费和残疾赔偿金。造成死亡的,还应当赔偿丧葬费和死亡赔偿金。综上,本案件中的学校承担学生的大部分损害赔偿是完全合理的。

思考题

1. 教育法的渊源包括哪几种?
2. 教育法的基本原则有哪些?
3. 我国的基本教育制度包括哪些?
4. 我国教育法律体系包括的法律法规有哪些?

法律链接

权威解读

专家观点

本章自测

第四章 教育行政执法

第一节 教育行政执法概述

一、概念

教育行政执法,是指有关行政机关及其工作人员按照法定职权和程序所采取的直接影响公民、社会组织或其他社会力量有关教育的权利与义务,或对其教育权利与义务的行使和履行进行监督的行政行为。

二、教育依法行政的原则

(一)合法行政

行政机关实施行政管理,应当依照法律、法规、规章的规定进行;没有法律、法规、规章的规定,行政机关不得作出影响公民、法人和其他组织合法权益或者增加公民、法人和其他组织义务的决定。

(二)合理行政

行政机关实施行政管理,应当遵循公平、公正的原则。要平等对待行政管理相对人,不偏私、不歧视。行使自由裁量权应当符合法律目的,排除不相关因素的干扰;所采取的措施和手段应当必要、适当;行政机关实施行政管理可以采用多种方式实现行政目的的,应当避免采用损害当事人权益的方式。

(三)程序正当

行政机关实施行政管理,除涉及国家秘密和依法受到保护的商业秘密、个人隐私的外,应当公开,注意听取公民、法人和其他组织的意见;要严格遵循法定程序,依法保障行政管理相对人、利害关系人的知情权、参与权和救济权。行政机关工作人员履行职责,与行政管理相对人存在利害关系时,应当回避。

（四）高效便民

行政机关实施行政管理，应当遵守法定时限，积极履行法定职责，提高办事效率，提供优质服务，方便公民、法人和其他组织。

（五）诚实守信

行政机关公布的信息应当全面、准确、真实。非因法定事由并经法定程序，行政机关不得撤销、变更已经生效的行政决定；因国家利益、公共利益或者其他法定事由需要撤回或者变更行政决定的，应当依照法定权限和程序进行，并对行政管理相对人因此而受到的财产损失依法予以补偿。

（六）权责统一

行政机关依法履行经济、社会和文化事务管理职责，其执法手段要符合相应的法律、法规。行政机关违法或者不当行使职权，应当依法承担法律责任，实现权力和责任的统一。依法做到执法有保障、有权必有责、用权受监督、违法受追究、侵权须赔偿。

三、教育行政行为的分类

教育行政行为根据不同的标准可以作不同的分类。

（一）内部教育行政行为与外部教育行政行为

按适用与效力范围为标准，可分为内部教育行政行为与外部教育行政行为。内部教育行政行为是指教育行政机关作出的只对教育行政组织内部产生法律效力的行政行为，如行政处分及上级行政机关对下级行政机关下达的行政命令等。外部教育行政行为，是指教育行政机关对外实施教育行为管理，针对公民、法人或其他组织所作出的教育行政行为。如教育行政许可行为、教育行政处罚行为等。内部教育行政行为不得适用行政复议程序和提起行政诉讼，外部教育行政行为在符合法律受案范围的情况下，可以适用行政复议程序和行政诉讼程序。

（二）抽象教育行政行为与具体教育行政行为

按其教育行政行为的对象是否特定为标准，可分为抽象教育行政行为与具体教育行政行为。抽象教育行政行为是以不特定的人或事为管理对象，制定具有普遍约束力的规范性文件的行为，如制定具有普遍约束力的规范性文件的行为，包括制定教育行政法规和教育行政规章的行为，具体教育行政行为是指在教育行政管理过程中,针对特定的人或事所采取具体措施的行为。一般包括教育行政许可与确认行为、教育行政处罚行为、教育行政强制行为等。

(三)依职权的教育行政行为与依申请的教育行政行为

按教育行政机关是否可以主动作出行政行为为标准,可分为依职权的行政行为和依申请的行政行为。依职权的教育行政行为,是教育行政机关依据法定职权,无须相对方的申请而主动实施的教育行政行为。如:学校违反国家有关规定向受教育者收取费用的,由教育行政机关责令退还所收费用。依申请的教育行政行为,是教育行政机关必须有相对方的申请才能实施的教育行政行为,即相对方的申请是教育行政行为开始的先行程序和必要条件,如颁发办学许可证审批等。

(四)羁束教育行政行为与自由裁量教育行政行为

按以受法律拘束的程度为标准,可分为羁束教育行政行为和自由裁量教育行政行为。羁束教育行政行为是法律规范对其范围、条件、标准、形式、程序等作出较详细、具体、明确规定的教育行政行为。教育行政机关没有自行选择、裁定的余地。例如教育行政机关审批高等学校,只能根据相关法律、法规规定的设置标准、学校名称、规模等审批,在这方面,教育行政机关没有选择、裁量的余地,教育行政机关违反羁束的规定,就构成违法行为,要承担违法后果。自由裁量教育行政行为,是法律规范仅对行为目的、范围等作一原则规定,而将具体条件、标准、幅度、方式等留给经验行政机关自行选择、决定。羁束教育行政行为中通常也存在一定的自由裁量成分,法律法规不可能对行政行为在所有情况下的所有处置方法都作详细、具体、明确的规定。而自由裁量也不是无限制的自由裁量,不能违反法律授权的目的和超越法律规定的自由裁量范围。

以案释法

私办小学不服教育局行政处罚决定案

【案情介绍】某乡镇村民张某与其兄妹等人,在未得到县教育局审核批准的情况下,就在本村合伙办了一所校名为"三山"小学的私立学校,并公开招收适龄儿童入学。办学初期"三山"小学全部租用当地民房当教室。之后该校用收取的部分学生学杂费建起了六间校舍。一个班初中一、二年级各一个班专、兼职教员若干人但无一人具备教师资格。张某等人在举办小学的过程中,曾多次向县教育局申请批准注册,均因其办学条件及师资力量不符合国家标准而未能获准。同年,为制止张某等人的非法办学行为。县教育局、镇政府联合组成工作组,做张某等人的思想工作,宣传法律政策,以动员其停止非法办学,但张某等人始终都置若罔闻。此后,县教育局在全县范围内举行小学升初中的入学考试,"三山"小学的五年级学生由于没有学籍未能参加正常的升学考试,张某等人对此非常不满。考试那天他们带领该校部分五年级学生到设在镇小学的考场内扰乱考试秩序辱骂县教育局及镇政府干部。后教育局、镇政府再次组成联合工作组责令张某等人停止非法办学,张某等人不但不听劝止反而煽动其亲属闹事。县教育局根据这一情况向张某等人作出行政处罚决定取缔非法举办的该小学并没收非法所得。张某等人不服,以"三山"小学的名义向县人民法院提起诉讼,要求撤销县教育局对其作出的行政处罚决定。

【案例评析】根据我国《教师法》第10条规定:"国家实行教师资格制度。"第11条第1款第2、3项规定,取得小学教师资格,应当具备中等师范学校毕业及其以上学历,取得初级中学教师、初级职业学校文化、专业课教师资格应当具备高等师范专科学校或其他大学专科毕业及其以上学历。并且《教育法》第27条规定,设立学校及其他教育机构,必须具备下列基本条件:(1)有组织机构和章程;(2)有合格的教师;(3)有符合规定标准的教学场所及设施、设备等;(4)有必备的办学资金和稳定的经费来源。但是,本案原告"三山"小学的所有教员无一人取得上述规定的相应教师资格且校舍面积生均不足一平方米就连最基本的办学设施课桌凳都是学生自带不符合办学的基本条件。因此,被告县教育局对原告"三山"小学的申请批准注册登记不予审批符合法律、法规的规定要求。

另外,《教育法》第15条第2款规定:"县级以上地方各级人民政府教育行政部门主管本行政区域内的教育工作。"第28条规定:"学校及其他教育机构的设立、变更和终止,应当按照国家有关规定办理审核、批准、注册或者备案手续。"本案中,县教育局系当地的教育行政主管部门有权对其管辖的教育办学违法行为进行处理,原告"三山"小学在未取得审核批准的情况下,即擅自办学并招生开课,违反了国家的有关规定,被告在屡次对原告进行劝止不听的情况下,依法对其进行行政处罚,符合《教育法》的规定。因此,法院判决维持被告县教育局对原告该小学的行政处罚决定。

第二节 教育行政许可

一、教育行政许可的概念及特征

（一）教育行政许可的概念

教育行政许可是教育行政机关应行政相对方的申请，通过颁发许可证、执照等形式，依法赋予行政相对方从事某种教育活动的法律资格或实施某种教育行为的法律权利的行政行为。

（二）教育行政许可的特征

教育行政许可具有以下特征：（1）教育行政许可是一种依申请的行政行为。没有相对方的申请，教育行政机关不能主动予以许可。例如，申请筹建民办学校，就应具备相应的教育法律、法规、现规规定的条件，并向教育行政机关提出申办报告。（2）教育行政许可是一种采用颁发许可证、执照等形式的要式行政行为。由于教育行政许可是赋予相对方一定的法律资格或法律权利，如举办学校，就享有了招生权等相应的权利，这是除学校这一组织外，其他个人、组织所不能进行实施的行为，那么颁发的办学许可证这一行为必须具有特定的形式要件，主要表现在办学许可证。

二、教育行政许可的程序

教育行政许可的程序是教育行政机关实施教育行政许可的步骤、方式、顺序和时限，是行政许可制度中不可缺少的重要组成部分。教育行政许可的程序包括：

（1）受理申请。申请是教育行政机关实施教育行政许可的前提程序。申请人向教育机关申请行政许可，除提交申请书以外，还要同时提交法律、法规规定的其他有关文件材料。如申请人申请设立民办学校，欲取得学校办学许可证，根据我国有关民办教育的法规、规定，除提交中办报告外，还需提交举办者的资格证明文件、资产来源、资金数额等证明文件，学校有关章程、收费标准、校长、教师、财会人员的资格证明等。

（2）审查。教育行政机关在收到相对方的行政许可申请后，应在法律、法规、规章规定的期限内对申请人的申请及所附材料进行审查,确定其是否具备取得相应行政许可证明的法定条件。

（3）作出是否颁发有关证照的决定。教育行政机关经过对行政许可申请人的申请及有关材料进行审查后,若确认其符合法定条件,即应在规定期限内作出向申请人颁发有关证照的决定。若经审查认为不符合法定条件,则应作出不予许可的决定,并向申请人说明理由。申请人不服的可依法申请复议或提起行政诉讼。若教育行政机关在法定期限届满时尚未予以明确答复的,申请人可依法申请复议或提起行政诉讼。

（4）吊销程序。教育行政机关对于以欺骗、违法手段取得的许可证或超越许可范围活动及违法行为,一经查处应及时吊销其许可证,并责令其中止一切正在进行的许可事项。

（5）暂扣程序。对于违反许可规定,有轻微违法行为或者紧急情况的,教育行政机关可暂时扣押许可证件,责令其改正;超过限定期限不改正的,吊销许可证。

（6）救济程序。教育行政机关吊销、暂扣、变更、修改或收回许可证前,应给予许可证持有人书面通知,说明采取措施的理由。对于教育行政机关实施的核发、拒绝发放、暂扣、修改、变更许可证等行为,申请人或利害关系人不服的,可以申请复议或直接起诉。

三、实施教育行政许可的一般规定

（一）教育行政许可的委托实施

教育行政部门依据法律、法规和规章委托其他行政机关实施行政许可的,应当签署实施行政许可委托书。委托书应当载明委托机关和受委托机关的名称、地址、联系方式,委托的具体事项、委托期限及法律责任等。

（二）申请许可的公示内容

教育行政部门应当在办公场所公示以下内容:（1）行政许可的事项、依据、条件、数量、程序、期限;（2）申请行政许可需要提交的全部资料目录;（3）申请书示范文本;（4）收取费用的法定项目和标准;（5）法律、法规、规章规定需要公示的其他内容。除涉及国家秘密、商业秘密和个人隐私以外,教育行政部门应当通过政府网站或者其他适当方式将前款内容向社会公开,便于申请人查询和办理。申请人要求对公示内容予以说明、解释的,教育行政部门应当说明、解释,提供准确、可靠的信息。申请教育行政许可应当以书面形式提出。申请书需要采用格式文本的,教育行政部门应当免费提供。

(三)教育行政许可申请

教育行政许可申请一般由申请人到教育行政部门办公场所提出,也可以通过信函、电报、电传、传真和电子邮件等方式提出。行政许可申请以电报、电传、传真和电子邮件等方式提出的,申请人应当提供能够证明其申请文件效力的材料。教育行政部门应当公开行政许可的承办机构、联系电话、传真、电子邮箱等,为申请人通过信函、电报、电传和电子邮件等方式提出行政许可申请提供便利。实施行政许可需要由教育行政部门多个内设机构办理的,教育行政部门应当明确一个机构为主承办,并转告其他机构分别提出意见后统一办理。

(四)教育行政许可申请的受理审查

教育行政部门接到行政许可申请后,应当按照以下规定进行是否受理的审查:(1)申请事项是否依法需要取得行政许可;(2)申请事项是否属于本机关职权范围;(3)申请人是否具有不得提出行政许可申请的情形;(4)申请人是否提交了法律、法规、规章规定的申请材料;(5)申请人提供的申请材料是否齐全和符合法定形式。依法应当先经下一级教育行政部门初审的行政许可,除法律、法规另有规定的外,下一级教育行政部门应当自受理申请之日起20日内审查完毕,并在审查完毕后7日内将初审意见和全部申请材料直接报送上一级教育行政部门。对依法需要举行国家考试取得资格的行政许可的,教育行政部门应当依据行政许可法的规定,事先公布资格考试的报名条件、报考办法、考试科目以及考试大纲。不得组织强制性的资格考试的考前培训,不得指定教材或者其他助考材料。通过考试,符合条件的,教育行政部门应当授予相应的资格或者颁发证书。

(五)教育行政许可听证

对于属于听证范围的行政许可事项,经告知后申请人或利害关系人提出听证申请的,教育行政部门应当指派审查该行政许可申请的工作人员以外的人员担任听证主持人组织听证。听证应当制作笔录。

(六)教育行政许可公示

教育行政部门作出准予行政许可的决定,应当制作格式化的准予行政许可决定书,并予以公开,公众有权查阅。需要颁发行政许可证件的,应当向申请人颁发加盖本行政机关印章的许可证、资格证、批准文件或者法律、法规规定的其他行政许可证件。教育行政部门依法作出不予行政许可的书面决定的，应当向申请人书面说明理由，并告知申请人依法申请行政复议或者提起行政诉讼的途径和期限。

（七）教育行政许可救济

申请人认为教育行政部门不依法实施行政许可的，可以依法向上级行政机关或者监察机关举报或者投诉，也可以依法申请行政复议或者提起行政诉讼。

第三节　教育行政处罚

一、概述

（一）立法宗旨及原则

《教育行政处罚暂行实施办法》是为了规范教育行政处罚行为，保障和监督教育行政部门有效实施教育行政管理，保护公民、法人和其他组织的合法权益，根据有关法律、行政法规制定的。

实施教育行政处罚必须以事实为依据，以法律为准绳，遵循公正、公开、及时的原则。还应当坚持教育与处罚相结合，纠正违法行为，教育公民、法人和其他组织自觉守法。

（二）适用范围

对违反教育行政管理秩序，按照《教育法》和其他教育法律、法规、规章的规定，应当给予行政处罚的违法行为，并依据《中华人民共和国行政处罚法》（以下简称《行政处罚法》）和《教育行政处罚暂行实施办法》的规定实施处罚。

二、实施机关与管辖

（一）教育行政处罚实施机关

实施教育行政处罚的机关，除法律、法规另有规定的外，必须是县级以上人民政府的教育行政部门。教育行政部门可以委托符合《行政处罚法》第19条规定的组织实施处罚。受委托组织应以委托教育行政部门的名义做出处罚决定；委托教育行政部门应对受委托组织实施处罚的行为进行监督；并对其处罚行为的后果承担法律责任。教育行政部门委托实施处罚,应当与受委托组织签订《教育行政处罚委托书》,在《教育行政处罚委托书》中依法规定双方实施处罚的权利和义务。

（二）教育行政处罚的管辖

教育行政处罚由违法行为发生地的教育行政部门管辖。对给予撤销学校或者其他教育机构处罚的案件,由批准该学校或者其他教育机构设立的教育行政部门管辖。国务院教育行政部门管辖以下处罚案件:(1)应当由其撤销高等学校或者其他教育机构的案件;(2)应当由其撤销教师资格的案件;(3)全国重大、复杂的案件以及教育法律、法规规定由其管辖的处罚案件。除国务院教育行政部门管辖的处罚案件外,对其他各级各类学校或者其他教育机构及其内部人员处罚案件的管辖为:(1)对高等学校或者其他高等教育机构及其内部人员的处罚,为省级人民政府教育行政部门;(2)对中等学校或者其他中等教育机构及其内部人员的处罚,为省级或地、设区的市级人民政府教育行政部门;(3)对实施初级中等以下义务教育的学校或者其他教育机构、幼儿园及其内部人员的处罚,为县、区级人民政府教育行政部门。

上一级教育行政部门认为必要时,可以将下一级教育行政部门管辖的处罚案件提到本部门处理;下一级教育行政部门认为所管辖的处罚案件重大、复杂或超出本部门职权范围,应当报请上一级教育行政部门处理。两个以上教育行政部门对同一个违法行为都具有管辖权的,由最先立案的教育行政部门管辖;主要违法行为发生地的教育行政部门处理更为合适的.可以移送主要违法行为发生地的教育行政部门处理。教育行政部门发现正在处理的行政处罚案件,还应由其他行政主管机关处罚的,应向有关行政机关通报情况、移送材料并协商意见;对构成犯罪的,应先移送司法机关依法追究刑事责任。

三、教育行政处罚种类与违法行为

（一）教育行政处罚种类

教育行政处罚的种类包括:(1)警告;(2)罚款;(3)没收违法所得,没收违法颁发、印制的学历证书、学位证书及其他学业证书;(4)撤销违法举办的学校和其他教育机构;(5)取消颁发学历、学位和其他学业证书的资格;(6)撤销教师资格;(7)停考,停止申请认定资格;(8)责令停止招生;(9)吊销办学许可证;(10)法律、法规规定的其他教育行政处罚。同时,教育行政部门实施上述处罚时,应当责令当事人改正、限期改正违法行为。

（二）常见的教育违法行为及其处罚

1.幼儿园的违法情形

幼儿园在实施保育教学活动中具有下列情形之一的,由教育行政部门责令限期整顿,并视情节轻重给予停止招生、停止办园的处罚:(1)未经注册登记,擅自招收幼儿的;(2)园舍、设施不符合国家卫生标准、安全标准,妨害幼儿身体健康或威胁幼儿生命安全的;(3)教育内容和方法违背幼儿教育规律,损害幼儿身心健康的。

具有下列情形之一的单位或个人,由教育行政部门对直接责任人员给予警告、1000元以下的罚款,或者由教育行政部门建议有关部门对责任人员给予行政处分:(1)体罚或变相体罚幼儿的;(2)使用有毒、有害物质制作教具、玩具的;(3)克扣、挪用幼儿园经费的;(4)侵占、破坏幼儿园园舍、是备的;(5)干扰幼儿园正常工作秩序的;(6)在幼儿园周围设置有危险、有污染或者影响幼儿园采光的建筑和设施的。以上所列情形,情节严重,构成犯罪的,由司法机关依法追究刑事责任。

2.违反义务教育规定

适龄儿童、少年的父母或监护人、未按法律规定送子女或被监护人就学接受义务教育的,城市由市、市辖区人民政府或其指定机构,农村由乡级人民政府,对经教育仍拒绝送子女或被监护人就学的,根据情节轻重,给予罚款的处罚。

3.违法办学

违反法律、法规和国家有关规定举办学校或其他教育机构的,由教育行政部门予以撤销;有违法所得的,没收违法所得。

社会力量举办的教育机构,举办者虚假出资或者在教育机构成立后抽逃出资的,由审批的教育行政部门责令改正;拒不改正的,处以应出资金额或者抽逃资金额2倍以下、最高不超过10万元的罚款;情节的严重,由审批的教育行政部门给予责令停止招生、吊销办学许可证的处罚。

4.违法举办国家教育考试

非法举办国家教育考试的,由主管教育行政部门宣布考试无效;有违法所得,没收违法所得。

5.考试的违规情形

参加国家教育考试的考生,有下列情形之一的,由主管教育行政部门宣布考试无效;已经被录取或取得学籍的,由教育行政部门责令学校退回招收的学员;参加高等教育自学考试的应试者,有下列情形之一,情节严重的,由各省、自治区、直辖市高等教育自学考试委员会同时给予警告或停考1至3年的处罚:(1)以虚报或伪造、涂改有关材料及其他欺诈手段取得考试资格的;(2)在考试中有夹带、传递、抄袭、换卷、代考等考场舞弊行为的;(3)破坏报名点、考场、评卷地点秩序,使考试工作不能正常进行或以其他方法影响、妨碍考试工作人员使其不能正常履行责任以及其他严重违反考场规则的行为。

参加教师资格考试的人员有作弊行为的,其考试成绩作废,并由教育行政部门给予3年内不得参加教师资格考试的处罚。

6.教师的违法情形及处罚

教师有下列情形之一的,由教育行政部门给予撤销教师资格、自撤销之日起5年内不得重新申请认定教师资格的处罚:(1)弄虚作假或以其他欺骗手段获得教师资格的;(2)品行不良、侮辱学生,影响恶劣的。另外,受到剥夺政治权利或因故意犯罪受到有期徒刑以上刑事处罚的教师,永久丧失教师资格。上述被剥夺教师资格教师的教师资格证书应由教育行政部门收缴。

7.其他规定

社会力量举办的教育机构,举办者出资或在教育机构成立后抽逃出资的,由审批的教育行政部门责令改正;拒不改正的,处以出资金额或抽逃资金额的2倍以下,最离不超过10万元的罚款,情形严重的,由审批的教育行政部门给予责令停止招生、吊销办学许可证的处罚。

社会力量举办的学校或者其他教育机构不确定各类人员的工资福利开支占经常办学费用的比例或者不按照确定的比例执行的,或者将积累用于分配或者校外投资的,由审批的教育行政部门责令改正,并可给予警告;情节严重或者拒不改正的,由审批的教育行政部门给予责令停止招生、吊销办学许可证的处罚。

社会力量举办的学校或者其他教育机构管理混乱,教学质量低下,造成恶劣影响的,由审批的教育行政部门限期整顿,并可给予警告;情节严重或经整顿后仍达不到要求的,由审批的教育行政部门给予责令停止招生、吊销办学许可证的处罚。学校或其他教育机构违反法律、行政法规的规定,颁发学位、学历或者其他学业证书的,由教育行政部门宣布该证书无效,责令收回或者予以没收;有违法所得的,没收违法所得;情节严重的,取消其颁发证书的资格。

四、处罚程序与执行

（一）教育行政处罚程序

1. 简易程序

教育行政处罚执法人员持有能够证明违法事实的确凿证据和法定的依据,对公民处以 50 元以下、对法人或者其他组织处以 1000 元以下罚款或给予警告处罚的,可以适用简易程序,当场作出处罚决定,但应报所属教育行政部门备案。

执法人员当场作出教育行政处罚决定的,应当向当事人出示执法身份证件,制作《教育行政处罚当场处罚笔录》,填写《教育行政处罚当场处罚决定书》,按规定格式载明当事人的违法行为、处罚依据、给予的处罚、时间、地点以及教育行政部门的名称,由教育行政执法人员签名或者盖章后,当场交付当事人。另外,根据《行政处罚法》第 35 条,当事人对当场作出的行政处罚决定不服的,可以依法申请行政复议或者提起行政诉讼。

2. 一般程序

除依法适用简易程序和听证程序以外,对其他教育违法行为的处罚应当适用一般程序。

教育行政部门发现公民、法人或者其他组织有应当给予教育行政处罚的违法行为的,应当作出立案决定,进行调查。教育行政部门在调查时,执法人员不得少于 2 人。执法人员与当事人有直接利害关系的,应当主动回避,当事人有权以口头或者书面方式申请他们回避。执法人员的回避,由其所在教育行政部门的负责人决定。教育行政部门必须按照法定程序和方法,全面、客观、公正地调查、收集有关证据;必要时,依照法律、行政法规的规定,可以进行检查。教育行政部门在进行检查时,执法人员不得少于 2 人。教育行政部门在收集证据时,对可能灭失或者以后难以取得的证据,经教育行政部门负责人批准,可以将证据先行登记,就地封存。

在作出处罚决定前,教育行政部门应当发出《教育行政处罚告知书》,告知当事人作出处罚决定的事实、理由和依据,并告知当事人依法享有的陈述权、申辩权和其他权利。当事人在收到《教育行政处罚告知书》后 7 日内,有权向教育行政部门以书面方式提出陈述、申辩意见以及相应的事实、理由和证据。教育行政部门必须充分听取当事人的意见,对当事人提出的事实、理由和证据应进行复核,当事人提出的事实、理由或者证据成立的,教育行政部门应当采纳。教育行政部门不得因当事人的申辩而加重处罚。

调查终结,案件承办人员应当向所在教育行政部门负责人提交《教育行政处罚调查处理意见书》,详细陈述所查明的事实、应当作出的处理意见及其理由和依据并应附上全部证据材料。教育行政部门负责人应当认真审查调查结果,按照《行政处罚法》第 38 条的规定,根据不同情况作出决定。依据《行政处罚法》第 38 条的规定,调查终结,行政机关负责人应当对调查结果进行审查,根据不同情况,分别作出如下决定:(1)确有应受行政处罚的违法行为的,根据情节轻重及具体情况,作出行政处罚决定;(2)违法行为轻微,依法可以不予行政处罚的,不予行政处罚;(3)违法事实不能成立的,不得给予行政处罚;(4)违法行为已构成犯罪的,移送司法机关。同时,对情节复杂或者重大违法行为给予较重的行政处罚,行政机关的负责人应当集体讨论决定。教育行政部门决定给予行政处罚的,应当按照《行政处罚法》第 39 条的规定,制作《教育行政处罚决定书》。依据《行政处罚法》第 39 条规定,行政机关依照《行政处罚法》第 38 条的规定给予行政处罚,应当制作行政处罚决定书。行政处罚决定书应当载明下列事项:(1)当事人的姓名或者名称、地址;(2)违反法律、法规或者规章的事实和证据;(3)行政处罚的种类和依据;(4)行政处罚的履行方式和期限;(5)不服行政处罚决定,申请行政复议或者提起行政诉讼的途径和期限;(6)作出行政处罚决定的行政机关名称和作出决定的日期。同时,行政处罚决定书必须盖有作出行政处罚决定的行政机关的印章。

3.听证程序

《教育行政处罚暂行实施办法》第 9 条规定,教育行政处罚的种类包括:(1)警告;(2)罚款;(3)没收违法所得,没收违法颁发、印制的学历证书、学位证书及其他学业证书;(4)撤销违法举办的学校和其他教育机构;(5)取消颁发学历、学位和其他学业证书的资格;(6)撤销教师资格;(7)停考,停止申请认定资格;(8)责令停止招生;(9)吊销办学许可证;(10)法律、法规规定的其他教育行政处罚。教育行政部门实施上述处罚时,应当责令当事人改正、限期改正违法行为。教育行政部门在作出上述《教育行政处罚暂行实施办法》第 9 条第(3)

（4）（5）（6）（7）（8）（9）项之一以及较大数额罚款的处罚决定前,除应当告知作出处罚决定的事实、理由和依据外,还应当书面告知当事人有要求举行听证的权利。上述所指的较大数额的罚款,标准为:由国务院教育行政部门作出罚款决定的,为5000元以上;由地方人民政府教育行政部门作出罚款决定的,具体标准由省一级人民政府决定。当事人在教育行政部门告知后3日内提出举行听证要求的,教育行政部门应当按照《行政处罚法》第42条的规定,组织听证。

依据《行政处罚法》第42条规定,行政机关作出责令停产停业、吊销许可证或者执照、较大数额罚款等行政处罚决定之前,应当告知当事人有要求举行听证的权利;当事人要求听证的,行政机关应当组织听证。当事人不承担行政机关组织听证的费用。听证依照以下程序组织:（1）当事人要求听证的,应当在行政机关告知后3日内提出;（2）行政机关应当在听证的七日前,通知当事人举行听证的时间、地点;（3）除涉及国家秘密、商业秘密或者个人隐私外,听证公开举行;（4）听证由行政机关指定的非本案调查人员主持;当事人认为主持人与本案有直接利害关系的,有权申请回避;（5）当事人可以亲自参加听证,也可以委托1至2人代理;（6）举行听证时,调查人员提出当事人违法的事实、证据和行政处罚建议;当事人进行申辩和质证;（7）听证应当制作笔录;笔录应当交当事人审核无误后签字或者盖章。当事人对限制人身自由的行政处罚有异议的,依照治安管理处罚条例有关规定执行。

听证结束后,听证主持人应当提出《教育行政处罚听证报告》,连同听证笔录和有关证据呈报教育行政部门负责人。教育行政部门负责人应当对《教育行政处罚听证报告》进行认真审查,并按照以上《行政处罚法》第38条的规定作出处罚决定。

（二）教育行政处罚执行

除依照《行政处罚法》的规定可以当场收缴罚款外,做出罚款决定的教育行政部门应当与收缴罚款的机构分离,有关罚款的收取、缴纳及相关活动,适用国务院《罚款决定与罚款收缴分离实施办法》的规定。

教育行政处罚决定做出后,当事人应当在行政处罚决定的期限内,予以履行。当事人逾期不履行的,教育行政部门可以申请人民法院强制执行。当事人对行政处罚决定不服的,有权依据法律、法规的规定,申请行政复议或者提起行政诉讼。行政复议、行政诉讼期间,行政处罚不停止执行。

教育行政部门的职能机构查处教育行政违法案件需要给予处罚的,应当以其所属的教育行政部门的名义做出处罚决定。教育行政部门的法制工作机构,依法对教育行政执法工作监督检查,对教育行政部门的其他职能机构做出的行政处罚调查处理意见进行复核,并在其职责范围内具体负责组织听证及其他行政处罚工作。

以案释法

吴某与某市教育局行政处罚决定案

【案情介绍】原告吴某于1974年毕业于县第五中学,学历高中。1982年至1988年11月原告在某市任教师。1988年11月原告调到某矿务局从事计划生育工作和某矿务局幼儿园工作,到在矿务局退管办工作。原告在矿务局工作期间,虽不是在职任教的教师,但矿务局仍将原告作为教师确认其专业技术职称。1996年6月,原告在实施首批教师资格过渡工作中以在职的教师参加评定,并取得教师资格证书。1998年6月,某市分离国有企业办学校领导小组在审查人员接收时认为原告不是任职教师,不符合接收条件,决定不予接收。1998年12月28日被告以原告的小学教师资格证书属欺骗所得,为此作出行政处罚决定,吊销原告的小学教师资格证书。被告在作出吊销原告小学教师资格证书决定之前,未告知原告有陈述、申辩等权利。原告对被告的行政处罚决定不服,向法院提起行政诉讼,要求撤销关于吊销吴某小学教师资格证书的决定,并赔礼道歉。

【案例评析】本案中,被告行政机关的行为违法,根据《行政处罚法》第31条、第32条规定,行政机关在作出行政处罚决定之前,应当告知当事人作出行政处罚决定的事实、理由及依据,并告知当事人依法享有的权利。当事人有权进行陈述和申辩。行政机关必须充分听取当事人的意见,对当事人提出的事实、理由和证据,应当进行复核,当事人提出的事实、理由或者证据成立的,行政机关应当采纳。被告某市教育局在对吴某作出行政处罚决定之前,未告知上诉人将对其作出行政处罚决定的事实、理由、依据及依法享有的权利,未听取上诉人的陈述和申辩,违反了《行政处罚法》第31条、第32条之规定,因此撤销被上诉人作出的行政处罚决定正确。根据《国家赔偿法》的有关规定,行政机关只有在违法拘留或者违法采取限制公民人身自由的行政强制措施、非法拘禁或者刑讯逼供、殴打、虐待等,致人精神损害的,应当在侵权行为影响的范围内,以消除影响,恢复名誉、赔礼道歉的方式承担责任。吴某要求消除影响、书面赔礼道歉缺乏法律依据,判决驳回其诉讼请求正确。上诉人上诉请求不能成立,上诉理由不予采纳。

思考题

1. 教育依法行政的原则有哪些?
2. 教育行政行为的分类有哪几种?
3. 教育行政许可的特征有哪些?
4. 教育行政处罚的种类包括哪些?

法律链接

权威解读

专家观点

本章自测

第五章 学校法律知识

第一节 学校概述

一、学校的概念

学校是指经教育行政主管机关批准或登记注册,以实施学制系统内各阶段教育为主的,实施学历性教育的教育机构。

我国学制系统内的基本教育阶段分为幼儿教育、初等教育、中等教育和高等教育。因此相对应的学校或教育机构主要包括幼儿园、小学、初级中学、高级中学或完全中学、各类中等专业学校、职业学校、技工学校、普通高等学校、具有颁发学历证明资格的成人学校,以及其他专门实施学历性教育的教育机构。

二、学校的分类

按教育程度来分,可分为小学、初级中学(初中)、高级中学(高中)、大学。其中,大学教育包括:本科层次、专科层次。本科层次包括:全日制大学、独立学院。专科层次包括:职业技术学院、高等专科学校。

按所学专业来分,可分为可分为职业高中(职高)、中等专业学校(中专)、技工学校(技校)和普通高等学校包括体校、军校等。

三、设立学校的基本条件

按照《教育法》规定,设立学校及其他教育机构,必须具备以下基本条件。

（一）实体性条件

设立学校及其他教育机构需要具备的实体性条件有:(1)有组织机构和章

程;(2)有合格的教师;(3)有符合规定标准的教学场所及设施、设备等;(4)有必备的办学资金和稳定的经费来源。上述四项规定是设立学校时必须具备的一般要件。由于学校的种类多种多样,因此举办学校除必须符合上述要件外,还必须符合相应的设置标准。

(二)程序性条件

根据《教育法》的规定,我国有权举办学校的主体主要有:国家、企业事业组织、社会团体、其他社会组织及公民个人。按照办学主体性质的不同,学校又可分为国家办学和社会力量办学两大类。学校及其他教育机构的设立、变更和终止,应当按照国家有关规定办理审核、批准、注册或者备案手续。

四、学校的法律地位

(一)教育行政法律关系主体

当学校参与行政法律关系,取得行政上的权利和承担行政上的义务时,它就是行政法律关系主体,可分为两种情形:(1)与国家行政机关存在行政法律关系时作为教育行政被管理者。(2)当学校享有并行使法律法规授权某些行政管理职权,取得行政主体资格时,与教师、学生发生的法律关系。

(二)教育民事法律关系主体

所谓教育民事法律关系,是学校与不具有行政隶属关系的行政机关(此时行政机关以机关法人身份)、企事业组织、集体经济组织、社会团体、个人之间发生的社会关系,这类关系涉及面颇广,如涉及学校财产、人身、土地、学校环境乃至创收中所涉及的权利,都会产生民事所有和流转上的必然联系。

第二节　学校的权利与义务

一、学校的权利

根据我国《教育法》规定,凡经合法手续设立的学校,具有以下基本权利。

(一)按照章程自主管理学校

章程是指学校为保证正常运行,对内部管理进行规范而制定的基本制度,是实行依法治校,提高学校管理水平和效率的重要保证。学校依法制定章程,确立其办学宗旨、管理体制及各项重大原则,制定具体的管理规章和发展规划,自主地作出管理决策,并建立、完善自己的管理系统,组织实施管理活动,这是建立现代学校管理体制的重要前提。

（二）组织实施教育教学活动

这是学校的一项最基本权利。学校有权根据自己的办学宗旨和任务,依据国家教育主管部门有关教学计划、课程、专业设置等方面的规定,自行决定和实施自己的教学计划,决定具体课程、专业设置,决定选用何种教材,决定具体课时和教学进度,组织教学评比、集体备课,对学生进行统一考核、考试等。

（三）招收学生或其他受教育者

学校有权依据国家招生法律、法规和主管部门的招生管理规定,根据自己的办学宗旨、培养目标、任务以及办学条件和能力,制定本机构具体的招生办法,发布招生广告,决定具体数量和人员,确定招生范围和来源。

学校招收学生必须符合国家有关规定,其招生简章和广告内容必须真实、准确,严格按规定履行审核手续。不得制发虚假招生简章和广告。

（四）学籍管理

学籍管理主要是指学校针对受教育者的不同层次、类别,制定有关入学与报名注册、成绩考核、纪律与考勤、留、降级转专业与转系、退学、休学与复学、转学的管理办法,并对其实施具体的管理活动。

学校根据教育部关于学籍的管理规定,制定相应的具体学籍管理办法。根据国家有关学生奖励、处分的规定,结合本校的实际,制定具体的奖励与处分办法;并可以根据这些管理办法,对受教育者进行具体的管理活动。

（五）对受教育者颁发相应的学业证书

学校依据国家有关学业证书的管理规定,根据自己的办学宗旨、培养目标和教育教学任务要求,有权对经考核、成绩合格的受教育者,按其类别,颁发毕业证书、结业证书等学业证书。学业证书制度是我国的教育基本制度之一。学校作为从事教育教学活动的主体,法律授予了学校行使对受教育者颁发学业证书、学位证书的行政权力,这种权力是代表国家行使的在学位、学历证书方面的行政管理职权。

（六）聘任并管理教师及其他职工

学校根据国家有关教师和其他教职工管理的法规、规章规定,从本校的办学条件、办学能力和实际编制情况出发,有权自主决定聘任、解聘有关教师和其他职工,可以制定本校的教师及其他职工聘任办法,签订和解除聘任合同,并可以对教师及其他员工实施包括奖励、处分在内的具体管理活动。教育机构在聘任、奖励、处分教师和其他职工时,应根据教师和其他职工的职责要求,重点考虑本人的表现及业绩。

（七）对本单位设施和经费的管理和使用

学校作为其法人单位,对其占有的场地、教室、宿舍、教学设备等设施、办学经费以及其他有关财产,享有财产管理权和使用权,必要时可对其占用的财产进行处置或获得一定的收益。同时学校行使此项权利,也应遵守国家有关国有资产管理、教育经费投入及学校财务活动的管理规定,符合国家和社会公共利益,有利于学校发展和实现学校的办学宗旨,有利于合理利用教育资源,不得妨碍学校教育和管理活动的正常进行,不得侵害举办者、投资者等有关权利人的财产权利。

（八）拒绝他人对教育教学活动的非法干涉

依据《教育法》规定,学校有权"拒绝任何组织和个人对教育教学活动的非法干涉"。即学校对来自行政机关（包括教育行政机关）、企业事业组织、社会团体、个人等任何方面的非法干涉教育教学活动的行为,有权拒绝和抵御。

（九）其他合法权利

除前述八项权利外,现行法律、行政法规以及地方性法规,赋予学校的一般法人的权利和其他法律法规规定的权利。此项规定是对学校享有除前述八项权利外的其他合法权利的兜底性条款。作出此项规定,有利于将来制定有关教育法律、法规,进一步完善学校的办学自主权。

二、学校的义务

学校的义务是指其在教育活动中必须履行的法律义务,即学校在教育活动中必须作出一定行为或不得作出一定行为的约束。它根据法律产生,并以国家强制力保障其履行。规定学校的义务,一是为保证学校实现育人宗旨、实施教育教学活动的需要;二是保障学校相对一方特别是学生受教育权利和教师的权利的需要。从深层次上说,它也是权利义务相一致的体现。

（一）遵守法律、法规

学校是培养人的社会组织,遵守法律、法规是其必须履行的基本义务。此项义务中的"法律"包括宪法和国家权力机关制定的法律;"法规"包括国务院制定的行政法规和地方性法规。《教育法》作出此项规定,并不是对《宪法》有关内容的简单重复。它包括两层含义,既包括学校在一般意义上的守法,不得违背法律;也包括教育法律、法规、规章中为学校及其他教育机构确立的特定意义上的义务,这些义务与实施教育教学活动,实现其办学宗旨有密切联系。

(二)贯彻国家的教育方针,执行国家教育教学标准,保证教育教学质量

学校及其他教育机构在整个教育教学活动中,要坚持社会主义办学方向,贯彻国家教育方针,走教育教学与生产劳动和社会实践相结合的办学道路,从德、智、体等方面全面教育、培养学生;要执行国家教育教学标准,努力改善办学条件,加强育人环节,保证教育教学活动和培养学生的质量达到国家的教育教学质量要求,并不断提高教育教学质量。

(三)维护受教育者、教师及其他职工的合法权益

学校自身的行为不得侵犯受教育者、教师及其他职工的合法权益,如不得克扣、拖欠教职工工资,不得拒绝合乎入学标准的受教育者入学,尊重学生的受教育权,包括学籍权、学历、学位证书权、上课权。当教育机构以外的其他社会组织和个人侵犯了本校学生、教师及其职工合法权益时,学校应当以合法方式,积极协助有关单位查处违法行为的当事人,维护其合法权利。

(四)以适当方式为受教育者及其监护人了解受教育者的学业成绩及其他有关情况提供便利

"适当方式"是指学校通过设立"家长接待日""家长会议""教师家访"等合法的、正当的方式,保障家长及其他监护人、学生本人的知情权。但不得采取"考试成绩排队""公布学生档案"等非法的、侵犯学生合法权益的方式进行。监护人一般是指未成年人的父母,父母没有监护能力或者不能履行监护职责时,由未成年人的其他成年亲属或者所在基层组织担任监护人。所谓提供便利,一是学校不得拒绝受教育者及其监护人了解学业成绩、在校表现等情况的请求;二是学校应当提供便利条件,帮助受教育者及其监护人行使此项知情权。学校在履行此项义务时,要特别注意不得侵犯受教育者的隐私权、名誉权等合法权益。

（五）遵照国家有关规定收取费用并公开收费项目

学校是公益性机构，公民依法享有受教育权利，同时应按所入学校的不同性质依照有关规定缴纳一定费用。学校应当按照中央和地方各级政府及其有关部门的收费规定，确定收取学杂费的具体标准，不得巧立名目，乱收费用，甚至把办学当作牟利的工具。同时，收费项目应向社会公开，接受家长和社会各界的监督，维护办学机构的公益性质。

（六）依法接受监督

这项义务是指学校对各级权力机关、行政机关依法进行的检查、监督以及社会各界依法进行的监督，应当积极予以配合，不得拒绝，更不得妨碍检查、监督工作的正常进行。这是学校作为行政管理相对人和独立法人应承担的法定义务。符合《教育法》确立的"教育活动必须符合国家和社会公共利益"原则的基本要求，有利于促进学校自觉地把教育教育和管理活动置于主管部门和社会的监督之下，全面贯彻国家的教育方针。

以案释法

未成年学生在校期间受到伤害，学校因设施存在安全隐患须承担责任

【案情介绍】原告张某与被告余某、吴某3人系被告某市某中学初二（四）班的学生。2009年3月27日上午，原告张某和被告余某、吴某在课间休息时一起嬉戏、打闹，第三节课预备铃打响后，原告和吴某两人首先从前门进入课室，两人进入课室后为了不让被告余某进入课室，共同将课室前门关上，被告余某用力拍击课室门，由于课室门所用材料是普通玻璃和铝合金构造的玻璃门，结果玻璃门的玻璃被击碎，破碎的玻璃击中原告的右眼，造成原告右眼出血受伤。原告经手术治疗后，经鉴定为八级伤残。

【案例评析】学校教室是人数众多的未成年人的学习活动场所，教室门玻璃的选择标准应高过上述标准，而学校选用的玻璃仅为5mm的普通浮法玻璃。学校未按上述规程的要求选择有足够厚度的钢化玻璃或夹层玻璃，且没有采取任何防护措施（如警示标志、防护栏等），其玻璃门存在严重的安全隐患，学校存在重大过失。据余某、张某陈述，学校玻璃门存在松动，多次破碎的情况。学校未就其玻璃是否符合安装要求、及是否进行了日常维护管理等提

供证据,应推定学校在上述方面亦存在过失。按照教育部颁布的《学生伤害事故处理办法》第4条规定,学校的举办者应当提供符合安全标准的校舍、场地、其他教育教学设施和生活设施。第9条规定,学校的校舍、场地、其他公共设施,以及学校提供给学生使用的学具、教育教学和生活设施、设备不符合国家规定的标准,或者有明显不安全因素的,学校应当依法承担相应的责任。

第三节　学校突发事件应急预案

一、突发事件概念及分类

（一）突发事件的概念

突发事件,是指突然发生,造成或者可能造成严重社会危害,需要采取应急处置措施予以应对的事件。

（二）突发事件的分类

自然灾害是指由于自然异常变化造成的人员伤亡、财产损失、社会失稳、资源破坏等现象或一系列事件。它的形成必须具备两个条件:一是要有自然异变作为诱因,二是要有受到损害的人、财产、资源作为承受灾害的客体。

事故灾难是指引起灾难性后果的事故,是在人们生产、生活过程中发生的,直接由人的生产、生活活动引发的,但是违反人们意志的、迫使活动暂时或永久停止,并且造成大量的人员伤亡、经济损失或环境污染的意外事件。

公共卫生事件是指突然发生,造成或者可能造成社会公众健康严重损害的重大传染病疫情、群体性不明原因疾病、重大食物和职业中毒以及其他严重影响公众健康的事件。

社会安全事件,指由一定的社会问题诱发,主要包括恐怖袭击事件、经济安全事件、涉外突发事件和群体性事件等。

根据不同类型突发事件的性质、严重程度、可控性和影响范围等因素,《中华人民共和国突发事件应对法》将自然灾害、事故灾难、公共卫生事件分为特别重大、重大、较大和一般四级,法律、行政法规和国务院另有规定的,从其规定。

二、校园突发事件概述

（一）校园突发事件的概念

校园突发事件是指在校园内突然发生的,造成或者可能造成严重社会危害,影响着学生的安全和正常生活、学习需要采取应急处置措施予以应对的事故灾难和社会安全事件。

（二）校园突发事件预防处理应急预案的宗旨

校园突发事件预防处理应急预案的宗旨:(1)要使学校能够及时、有序、高效地应付和处理可能发生的突发事件,保证广大师生员工的生命安全和国家财产安全,尽最大可能避免和降低突发事件造成的损失,化危机为转机,遵守有关法律法规和教育局关于学校突发事件处置与应急预案的精神。(2)全校各部门和处室,在一旦突发事件发生时,能确保发现、报告、指挥、处置等环节紧密衔接,有序应对。

三、校园突发事件的处理原则

(1)以人为本,生命第一。突发事件的处理必须严格遵循"以人为本,生命第一"的原则,组织自身力量并迅速请求社会有关方面快速开展各项救援工作,把损失降低到最低限度。

(2)及时报告。突发事件发生后,有关当事人必须在事发的第一时间向相关领导报告,报告的主要内容包括:事件发生的时间、地点、概况以及采取措施情况、进展和下步打算等。相关领导再根据突发事件的等级向上级领导和有关部门报告,必要时,在第一时间赶到事发现场,立即指挥启动学校突发事件处理应急预案,按应急预案确定的相关人员职责开展工作。

(3)妥善处理。突发事件发生后,必须根据其性质因时、因地、因人制宜地妥善加以处理。如校园内发生群体性食物中毒,除及时向校长报告外,还需再取样本(如呕吐物等),保护现场,掌握第一手资料,并进行对症的应急处理,及时向疾控中心报告;如有流行性传染病发生,马上对有关人员进行隔离,在做好个人防护的同时,对各处室进行消毒,既要向上级领导汇报,又要通知家长。在碰到火灾、交通事故等突发事件时,更要沉着冷静,决定采取相应措施,除组织抢救疏散外,要及时向消防、交警等有关单位报告以最大限度减少损失。

(4)认真调查。突发事件的事态发展基本控制后,应调查清楚事件发生的原因、经过、相关责任,认定事件性质,形成调查报告,并对事件提出处理意见和整改措施。

(5)信息报送。突发事件发生后,相关班级、知情者和学校各部门应立即将发生地点、时间等基本情况和有关信息立即报告校长室。不得擅自对外发布。信息报送时限:一般突发事件2小时内报送,重大突发事件必须即时报,最迟在半小时报送,具体为先口头报,再书面报。同时应及时续报事件发展情况、原因、后果及对事件的处理情况。

四、校园突发事件的预防

校园突发事件的预防包括:(1)全校师生员工要有"防范于未然"的思想意识,严格遵守学校的安全工作制度,及时妥善处理校园中可能发生的偶发事件,把不安全的隐患消灭在萌芽状态。(2)每学期开学前,总务处负责对全校校舍进行全面检查,发现危房及时报告,妥善处理。(3)总务处、德育处要定期对灭火器、应急灯、楼道路灯、教学楼、寝室楼的用电线路等安全设施进行检查,及时发现,及时维修。(4)加强食堂和小卖部管理,确保饮食卫生安全。食堂和小卖部要健全各项规章制度,严格岗位责任制,对进货核查、消毒、取样等实行登记签名制;要加强食堂和小卖部安全保卫工作,禁止无关人员随意进入食堂加工操作间及食品原料存放间,严防投毒事件发生。(5)切实执行《学校安全卫生工作条例》,加大教育的宣传力度,利用黑板报、宣传窗、班队课等形式,广泛开展预防知识宣教教育,及时印发教育资料,增强师生员工的公共安全意识和自我保护能力。(6)经常邀请交警、消防人员、法制讲师团、法制副校长等来校为全体师生作交通安全、消防知识、法律知识讲座。(7)规范门卫值勤制度,严格进出人员登记。(8)完善夜自修管理制度,实行严格的请假、点名制度,发现学生无故未到校的,及时与家长联系。(9)加强节假日值班制度。(10)加强心理健康教育,把心理健康教育有机地渗透到各门学科的教学中。

五、学校突发事件具体的处理措施

(一)校内发生火警、漏电、房屋倒塌等特大安全事故的应急措施

校内发生火警、漏电、房屋倒塌等特大安全事故时,校方应采取下列措施:(1)切断各楼层的电源。(2)发生火警,先以灭火器扑灭;火势蔓延,应立刻拨打"119";房屋倒塌且有师生埋入,应立即拨打"110",并有组织地进行抢救。

(3)迅速向突发事件领导小组报告。(4)开通全部安全通道,学校教职员工组织学生迅速撤至安全地带。(5)配合消防、医院等单位,做好自救工作。(6)尽可能保护好现场,做好有关证人证事记录。

(二)预防和制止校外不法人员进入校内实施暴力事件应急措施

校外不法人员进入校内实施暴力事件应急措施:(1)来人不履行登记手续,强行闯入,门卫应力加阻止,不得放行。(2)来人已闯入校内,门卫追赶不及,应立即电话通知有关部门领导,及时将闯入者清逐出校门。(3)校内发现不法分子袭扰、行凶、行窃、斗殴、抢劫、劫持人质、放火、破坏公私财务的应立即采取下列处置方法:①迅速报警拨打110。②迅速报告学校突发事件领导小组。③对不法分子进行劝阻或制服,保护在场师生安全。④为防止不法分子逃跑,在制止、制服其前应关闭校门。⑤立即将受伤师生送往医院进行救治。⑥作好师生的思想工作。(4)记录不法分子的体貌特征和其他犯罪情节,收集不法分子施暴的凶器,保护好现场。(5)组织校内力量,配合上级有关部门,做好善后工作。

(三)突发公共卫生事件的应急措施

当社会上出现流行病疫时,凡师生中出现与该病相似病症时,各班主任要马上报告校长或教导处,并及时与该学生的家长取得联系,在家长的陪同下去医院诊治,一经确认是传染病或疑似传染病时,学校要采取下列措施:(1)学校要迅速如实报告上级有关部门。(2)对该学生所在班级及任课教师办公室进行布控,对全校公共场所,尤其是布控区域进行严格的消毒。(3)坚决杜绝染病学生带病来校。染病学生来校上课时,必须有收治该学生的医院,出具诊断证明其已康复,并不存在传染危害后,方可来校上课。(4)学校要根据上级有关部门的要求和指导下,采取必要的防范及保护措施。

(四)学校其他突发事件应急措施

学校其他突发事件应急措施包括:(1)学校其他突发事件,值周领导、值周教师、上课教师,要第一时间到位指挥。(2)要坚决阻止学生在教室起哄,或走出教室相互追逐,推搡。(3)马上安排过道指挥和其他照明用具。(4)及时与有关方面联系了解情况。(5)若是校内电路问题,可能的情况下,应及时维修。(6)若遇不能修复,值周领导、值周教师、上课教师要组织学生有秩序地离开教室,要教育学生轻上慢下楼梯。

六、责任承担

学校各相关处室人员违反本预案有关规定要求导致突发事件处理受到影响或者导致事态扩大,给相关责任人及其主管人员以相应的处分。有下列情况之一的,从重处分:(1)突发事件接报者未按规定及时上报相关领导,导致事件处理受影响的;(2)相关人员后勤保障不力,延误突发事件处理时机的;(3)相关人员向上级部门报告事件信息未经领导审签,导致错报、漏报,造成不良影响的;(4)相关人员未及时履行本预案规定的职责,导致事态扩大的。

以案释法

某中学坍塌事故21名学生死亡

【案情介绍】2013年,9月23日晚6时50分,某中学教学楼发生楼梯护栏坍塌事故,造成21名学生死亡、47名学生受伤。该校有初中三个年级19个班,共1563名学生。9月23日,晚自习结束后,1500多名学生从东西两个楼道口,在没有任何照明的条件下,蜂拥下楼。在西楼道接近一楼的最后四五个台阶处,楼梯护栏突然坍塌,前面的学生纷纷扑倒在地,后面的学生看不清,仍然纷纷往前拥挤,酿成事故。

【案例评析】现事故原因已基本查明,这次学生伤亡事故的主要原因是,学校管理混乱,尤其是安全管理不落实。

本案中,事故发生地的楼梯12盏灯1盏没有灯泡,11盏不亮。事故发生当天下午17时,有老师向校长反映灯泡照明问题,校长以"管理灯泡人员不在"为由,没有及时处理潜在的安全隐患,结果在当天18时50分就发生惨剧。在这一事件中,学校严重忽视安全管理。在当天没有照明的条件下,如果学校安排两个老师在楼梯口值班,疏导放学的19个班级的学生或者组织学生分期分批走出楼道,也不至于酿成特大伤亡事故。作为学校来讲,学校的安全工作是由谁来负责? 首先,校长负责制。从学校本身来说,安全事故必须由校长直接来抓,这是保障和基础。其次,教师参与。由此,对学生的安全教育要放到细节当中去。从本案可知,各类学校要从学生实际出发,放学时要适当调整时间,避免学生拥挤。目前,一些学校放学时间调整,学生放学由班主任统一带队,并护送至校门前。要教育孩子在学校上下楼梯时不要拥挤、打闹、追逐以免发生危险。

第四节 民办教育

一、民办教育法概述

《民办教育促进法》由全国人民代表大会常务委员会第三十一次会议于2002年12月28日通过,自2003年9月1日起施行。根据2016年11月7日第十二届全国人民代表大会常务委员会第二十四次会议通过的《关于修改〈中华人民共和国民办教育促进法〉的决定》修正。

《民办教育促进法》是为了实施科教兴国战略,促进民办教育事业的健康发展,维护民办学校和受教育者的合法权益,根据《宪法》和《教育法》而制定。

国家机构以外的社会组织或者个人,利用非国家财政性经费,面向社会举办学校及其他教育机构的活动,适用《民办教育促进法》。

二、民办学校的设立

举办民办学校的社会组织,应当具有法人资格。举办民办学校的个人,应当具有政治权利和完全民事行为能力。民办学校应当具备法人条件。设立民办学校应当符合当地教育发展的需求,具备教育法和其他有关法律、法规规定的条件。民办学校的设置标准参照同级同类公办学校的设置标准执行。

举办实施学历教育、学前教育、自学考试助学及其他文化教育的民办学校,由县级以上人民政府教育行政部门按照国家规定的权限审批;举办实施以职业技能为主的职业资格培训、职业技能培训的民办学校,由县级以上人民政府劳动和社会保障行政部门按照国家规定的权限审批,并抄送同级教育行政部门备案。

三、民办学校的组织

民办学校应当设立学校理事会、董事会或者其他形式的决策机构,并建立相应的监督机制。民办学校的举办者根据学校章程规定的权限和程序参与学校的办学和管理。学校理事会或者董事会由举办者或者其代表、校长、教职工代表等人员组成。其中1/3以上的理事或者董事应当具有5年以上教育教学经验。学校理事会或者董事会由5人以上组成,设理事长或者董事长一人。理事长、理事或者董事长、董事名单报审批机关备案。

学校理事会或者董事会行使下列职权:(1)聘任和解聘校长;(2)修改学校章程和制定学校的规章制度;(3)制定发展规划,批准年度工作计划;(4)筹集办学经费,审核预算、决算;(5)决定教职工的编制定额和工资标准;(6)决定学校的分立、合并、终止;(7)决定其他重大事项。其他形式决策机构的职权参照以上规定执行。

四、民办学校教师与受教育者

民办学校的教师、受教育者与公办学校的教师、受教育者具有同等的法律地位。民办学校聘任的教师,应当具有国家规定的任教资格。民办学校应当对教师进行思想品德教育和业务培训。民办学校应当依法保障教职工的工资、福利待遇和其他合法权益,并为教职工缴纳社会保险费。国家鼓励民办学校按照国家规定为教职工办理补充养老保险,民办学校教职工在业务培训、职务聘任、教龄和工龄计算、表彰奖励、社会活动等方面依法享有与公办学校教职工同等权利。

民办学校依法保障受教育者的合法权益。民办学校按照国家规定建立学籍管理制度,对受教育者实施奖励或者处分。民办学校的受教育者在升学、就业、社会优待以及参加先进评选等方面享有与同级同类公办学校的受教育者同等权利。

五、民办学校资产与财务管理

民办学校应当依法建立财务、会计制度和资产管理制度,并按照国家有关规定设置会计账簿。民办学校对举办者投入民办学校的资产、国有资产、受赠的财产以及办学积累,享有法人财产权。民办学校存续期间,所有资产由民办学校依法管理和使用,任何组织和个人不得侵占。任何组织和个人都不得违反法律、法规向民办教育机构收取任何费用。

民办学校收取费用的项目和标准根据办学成本、市场需求等因素确定,向社会公示,并接受有关主管部门的监督。非营利性民办学校收费的具体办法,由省、自治区、直辖市人民政府制定;营利性民办学校的收费标准,实行市场调节,由学校自主决定。民办学校收取的费用应当主要用于教育教学活动、改善办学条件和保障教职工待遇。

六、民办学校的变更与终止

民办学校的分立、合并,在进行财务清算后,由学校理事会或者董事会报审批机关批准。申请分立、合并民办学校的,审批机关应当自受理之日起 3 个月内以书面形式答复;其中申请分立、合并民办高等学校的,审批机关也可以自受理之日起六个月内以书面形式答复。民办学校举办者的变更,须由举办者提出,在进行财务清算后,经学校理事会或者董事会同意,报审批机关核准。民办学校名称、层次、类别的变更,由学校理事会或者董事会报审批机关批准。申请变更为其他民办学校,审批机关应当自受理之日起 3 个月内以书面形式答复;其中申请变更为民办高等学校的,审批机关也可以自受理之日起 6 个月内以书面形式答复。

民办学校有下列情形之一的,应当终止:(1)根据学校章程规定要求终止,并经审批机关批准的;(2)被吊销办学许可证的;(3)因资不抵债无法继续办学的。民办学校终止时,应当妥善安置在校学生。实施义务教育的民办学校终止时,审批机关应当协助学校安排学生继续就学。民办学校终止时,应当依法进行财务清算。民办学校自己要求终止的,由民办学校组织清算;被审批机关依法撤销的,由审批机关组织清算;因资不抵债无法继续办学而被终止的,由人民法院组织清算。对民办学校的财产按照下列顺序清偿:(1)应退受教育者学费、杂费和其他费用;(2)应发教职工的工资及应缴纳的社会保险费用;(3)偿还其他债务。

七、法律责任

根据《民办教育促进法》的规定,民办学校有下列行为之一的,由县级以上人民政府教育行政部门、人力资源社会保障行政部或者其他有关部门责令限期改正,并予以警告;有违法所得的,退还所收费用后没收违法所得;情节严重的,责令停止招生、吊销办学许可证;构成犯罪的,依法追究刑事责任:(1)擅自分立、合并民办学校的;(2)擅自改变民办学校名称、层次、类别和举办者的;(3)发布虚假招生简章或者广告,骗取钱财的;(4)非法颁发或者伪造学历证书、结业证书、培训证书、职业资格证书的;(5)管理混乱严重影响教育教学,产生恶劣社会影响的;(6)提交虚假证明文件或者采取其他欺诈手段隐瞒重要事实骗取办学许可证的;(7)伪造、变造、买卖、出租、出借办学许可证的;(8)恶意终止办学、抽逃资金或者挪用办学经费的。

根据《民办教育促进法》的规定,县级以上人民政府教育行政部门、人力资源社会保障行政部或者有关部门有下列行为之一的,由上级机关责令其改正;情节严重的,对直接负责的主管人员和其他直接责任人员,依法给予处分;造成经济损失的,依法承担赔偿责任;构成犯罪的,依法追究刑事责任:(1)已受理设立申请,逾期不予答复的;(2)批准不符合本法规定条件申请的;(3)疏于管理,造成严重后果的;(4)违反国家有关规定收取费用的;(5)侵犯民办学校合法权益的;(6)其他滥用职权、徇私舞弊的。

思考题

1.设立学校的实质性条件有哪些?

2.学校的权利包括哪些?

3.学校的义务包括哪些?

4.民办学校应当终止的情形有哪些?

法律链接

权威解读

专家观点

本章自测

第六章　教师法律知识

第一节　教师法概述

一、立法依据

《教师法》于 1993 年 10 月 31 日经第八届全国人民代表大会常务委员会第四次会议通过,1994 年 1 月 1 日起施行。教师法的制定和颁布,对于提高教师的地位,保障教师的合法权益,造就一支具有良好的思想品德和业务素质的教师队伍,促进我国社会主义教育事业的发展,有着重要的意义。

（一）我国社会主义现代化建设事业的需要

社会主义现代化建设事业需要一批又一批既具有坚定、正确的政治方向,又掌握现代科学文化知识的社会主义事业的建设者和接班人。而人才的培养关键在于教师,建设一支具有良好思想品德修养和业务素质队伍,是搞好社会主义事业的关键。振兴民族的希望在教育,振兴教育的希望在教师,为此,我们必须制定《教师法》以加强教师队伍的建设。

（二）提高教师队伍素质的需要

长期以来,由于种种因素的影响,我国教师队伍的政治素质和业务素质都比较低。已不能适应培养人才的需要,广大教师急需提高政治素质和业务素质。为了更有效地完成这一任务,有必要通过立法,制定一整套提高教师素质的措施、制度,对教师的思想品德和业务素质作出明确的规定,以加强教师队伍的建设,提高教师的整体素质。

（三）维护教师合法权益的需要

我国有些地区教师的地位和待遇偏低,拖欠教师工资、干扰教育教学活动等情况屡有发生。在一定程度上挫伤了教师的积极性,影响了教育事业的发展。为了稳定教师队伍,提高教师的地位和待遇,提高教师的工作积极性,吸引优秀人才从事教育,必须制定《教师法》保障教师群体的合法权益。

(四)教师队伍建设规范化的需要

新中国成立以后,教师队伍的管理主要依靠一些政策和制度。这些政策和制度缺乏法律上的效力,没有强制性,并且缺乏法律所需要的具体、明确的肯定性,缺乏稳定性和连续性。教师队伍的管理随意性很大,许多方面无法可依。通过制定《教师法》,使教师队伍的建设走上规范化、法制化的轨道。

二、立法目的

《教师法》以教师为立法对象,把国家尊师重教的方针上升为法律,体现了全国人民的共同愿望和意志。总则第一条对其立法目的作了明确规定:"为了保障教师的合法权益,建设具有良好思想品德修养和业务素质的教师队伍,促进社会主义教育事业的发展,制定本法。"具体包括以下几个方面:

(一)保障教师的合法权益

长期以来,尽管我们一直强调要尊重知识、尊重人才,但由于种种原因,在一些地方仍存在着歧视和不尊重教师的现象,教师的地位和待遇偏低,影响了教师工作的积极性和教师队伍的稳定。因此,国家通过制定《教师法》,通过法律明确确认教师的基本权利,规定教师应享有的社会地位和物质待遇,规定政府、学校,各行各业及公民的职责,规定侵害教师合法权利的法律责任,对运用法律手段有效地保护教师的合法权益具有重要的现实针对性。

(二)提高教师队伍素质

教师队伍素质决定着教育的质量高低。尽管近年来,我国教师的业务素质和思想政治素质有了较大的提高,但从总体上看,教师队伍的素质还不能完全适应教育事业发展的要求。因此,通过制定《教师法》,以法律的形式确定实行教师资格制度,对教师的任用、培养、培训、考核等作出规定,使提高教师队伍素质的工作有章可循,有法可依,严格按照法律规定的措施、标准,优化教师队伍,以尽快在我国建设一支具有良好思想品德修养和业务素质的教师队伍,适应教育事业发展的需要。

(三)促进我国社会主义教育事业的发展

振兴民族的希望在教育,振兴教育的希望在教师。把教育放在优先发展的战略地位是我国实现社会主义现代化建设的根本大计。能否培养出适应社会主义现代化建设事业的接班人,关系到社会主义现代化建设事业的成败。新中国成立以来,我国的教育事业取得了长足的发展,但改革的步伐还落后于经济和社会发展的要求,在教育内容、方法、教育管理体制等各方面都存在着问题。发展我国教育事业还有大量的工作要做。教育能否振兴和健康的发展,关键在于建设一支具有良好思想品德和业务素质的教师队伍。因此,制定《教师法》,依法加强教师队伍的建设,以促进教育事业的发展。

三、适用范围

《教师法》第2条规定:"本法适用于在各级各类学校和其他教育机构中专门从事教育教学工作的教师。"这里所指的"各级各类学校"是指实施学前教育、普通初中教育、普通高中教育、职业教育、普通高等教育以及特殊教育、成人教育的学校。这里所指的"其他教育机构"是特指与中小学的教育、教学工作紧密联系的少年宫、地方中小学教研室、电化教育馆等教育机构。这里所指的"教师"是指在学校中传递人类文化科学知识和技能、进行思想品德教育,把受教育者培养成社会主义社会需要的专业人员。

《教师法》的适用范围仅限于各级各类学校和其他教育机构中的教师。是由教师职业的特殊性、直接肩负着培养社会接班人的职责、履行的是特殊的具有公职性质的教学职责决定的。适用范围限于教师,便于在权利、义务、资格、任用、培养、培训、考核等方面对教师作出统一的规定,有利于加强教师队伍的建设。

第二节 教师的权利与义务

一、教师的权利

教师的权利可以分为两个部分,一是教师作为公民所享有的各种权利;二是作为教师所享有的权利,这部分权利与教师的职业特点相联系,是教师职业特定的权利。这两部分权利既有联系,又有区别。教师除作为公民所享有的权利外,还有一部分是教师职业所独具的,因此,结合教师的职业特点,教师的权利包括以下六项。

（一）教育教学权

《教师法》第7条第1项规定，教师享有进行教育教学活动，开展教育改革和实验的权利。这是教师最基本权利，任何组织和个人都不得非法剥夺在聘教师从事教育教学活动，开展教育改革和实验这一基本权利。其基本含义包括：(1)教师可依据其所在学校计划，教学工作量等具体要求结合自身的教学特点自主地组织课堂教学。(2)按照教学大纲的要求确定其教学内容和进度，并不断完善教学内容。(3)针对不同的教育对象在教育教学的形式方法具体内容等方面进行改革、实验。

有一点需要说明，对不具备教师资格的人员，不得享有这项权利；对具有教师资格，尚未受聘或已辞聘的人员，这一权利的行使便处在停顿的状态，一旦受聘担任教师工作时，该权利的行使才恢复正常状态。合法的解聘或待聘不等于侵犯教师的这一权利。教师在行使这一基本权利时应保证履行相应的义务和职责。

（二）科研学术活动权

《教师法》第7条第2款规定，教师享有从事科学研究，学术交流，参加专业的学术团体，在学术活动中发表意见的权利。这是教师作为专业技术人员的一项基本权利。教师的科研学术活动权包括以下四个方面：(1)教师可以自己确定科研课题和科研方法。(2)教师有权自己决定是否参加学术团体。(3)教师在学术活动中有权发表自己的观点，并决定是否出版论文著作。但应注意在教育教学活动中，应按教学大纲或教学基本要求进行讲授，不应任意发表与讲授内容无关且有损受教育者身心健康发展的个人看法。(4)教师的科研学术活动最好围绕提高学校的教育教学质量进行。

（三）管理学生权

《教师法》第7条第3款规定，教师享有指导学生的学习和发展，评定学生的品行和学生成绩的权利。这是与教师在教育教学过程中的主导地位相适应的基本权利。教师有权根据学生的身心发展状况和特点，有针对性地指导学生的学习，并在学生的特长、就业、升学方面给予指导。教师有权对学生的品德学习、社会活动、劳动文体活动，师生及同学关系等方面的表现作出公正的评价。教师有权利严格要求学生，对好的行为进行表扬，对不良行为提出批评。并根据学生的个性指导学生的发展方向。

教师要指导好学生的学习和发展,教师首先要转变传统的教育观念,树立现代教育观、树立正确的学生观、质量观,由应试教育转到素质教育的轨道上来正确指导学生发展方向,因材施教促进学生健康发展,培养德智体美劳各方面的素质和才能。

教师应该认真行使管理学生权,加强对学生各方面的管理,做到关心爱护与严格要求相结合,帮助学生健康成长。

(四)获取报酬待遇权

《教师法》第 7 条第 4 款规定,教师享有按时获取工资报酬,享受国家规定的福利待遇以及寒暑假的带薪休息的权利。这是宪法规定的公民享有的劳动权利和劳动者有休息的权利的具体化。其基本含义包括:(1)教师有权要求所在学校及其主管部门根据教育法律,教师聘用合同的规定,按时足额,支付工资报酬。(2)教师有权享受国家规定的福利待遇。工资报酬包括哪些内容:它包括基础工资,职务工资,课时报酬,奖金及津贴,班主任津贴及其他各种津贴在内的工资收入。福利待遇一般包括医疗、住房、退休等方面享有的待遇和优惠。

(五)参与民主管理权

《教师法》第 7 条第 5 款规定,教师享有"对学校教育教学管理工作和教育行政部门的工作提出意见和建议"的权利,通过教职工代表大会或其他形式参与学校民主管理。该权利可以简称为"教师的民主管理权"。

教师参与学校管理体现在以下四个方面:(1)听取校长工作报告,讨论学校年度工作计划,发展规划,学校改革方案,教职员工队伍建设等重大问题,并提出意见和建议。(2)讨论通过岗位责任制方案,教职工奖惩管理办法以及其他教职工有关的基本规章制度,由校长颁布施行。(3)讨论并决定教职工的住房分配,教工福利费管理使用原则和办法以及其他有关教职工的集体福利事项。(4)对学校各级干部实行民主监督,对干部进行评议,表扬和批评,必要时向上级教育行政部门建议予以嘉奖,晋升或处分,免职。教师在参与学校管理时要注意民主集中制原则,同时学校与教育行政部门负责人不得压制教师的批评和意见。

(六)进修培训权

《教师法》第 7 条第 6 款规定,教师享有"参加进修或者其他方式培训"的权利。教师的这一权利同时也是政府和学校的义务,政府和学校应采取措施落实教师这一权利。

二、教师的义务

教师的义务,是指教师依照《教育法》《教师法》及其他有关法律、法规,从事教育教学工作而必须履行的责任,表现为教师在教育教学活动中必须作出一定行为或不得作出一定行为的约束。它是由法律规定,并以国家强制力保障其履行。通常,它有两种不同形式:(1)积极义务和消极义务,积极义务即必须作出一定行为的义务,如《教师法》规定教师在教育教学活动中,贯彻国家的教育方针,遵守规章制度,执行学校的教育教学计划,履行教师聘约,完成教育教学工作任务的义务。消极义务即不作出一定行为的义务,如不得体罚学生的义务。(2)绝对义务与相对义务。绝对义务是指对一般人承担的义务,如教师不得侵害法律所保护的任何公民的基本权利。相对义务指对特定人承担的义务,如教师与学校签订的聘任合同中只对学校承担义务,我国现行教师法规定教师应履行以下义务:

(一)遵守宪法、法律和职业道德

教师必须遵守宪法、法律和职业道德,为人师表。它包括如下含义:(1)教师作为中华人民共和国的公民,必须遵守宪法、法律。教师不仅应是模范遵守宪法和法律的表率,而且要在教育教学工作中,自觉培养学生的法制观念,民主意识,使每个学生都成为遵纪守法的好公民。(2)教师作为人类灵魂的工程师,应当遵守职业道德,由于教师担负着培养下一代的任务,他们在传授科学文化知识的同时,对学生的思想品德、道德、法律意识等方面形成有着重要的影响,因此,教师的职业道德,不仅是教师自身行为的规范,也是法律赋予教师应尽的基本义务。

(二)完成教育教学工作

教育教学工作是教师的本职工作。它包括以下几方面涵义:(1)教师在教育教学活动中,应当全面贯彻国家关于教育必须为社会主义现代化建设服务,必须与生产劳动相结合,培养德、智、体等方面全面发展的社会主义事业的建设者和接班人的方针,对学生进行全面指导。特别是在基础教育阶段,要使受教育者在德、智、体等诸多方面都得到发展,而不能一味重视智育,追求分数,偏重书本知识,而把其他摆在可有可无的位置,这是与教育方针相违背的,应予以纠正。(2)教师应遵守教育行政部门和学校及其他教育机构制定的具体教学工作安排。(3)教师应当履行聘任合同中约定的教育教学职责,完成职责范围内的教育教学任务。如果教师不按聘任合同完成教育教学任务而造成工作损失的,应依据《教师法》第 37 条规定,承担相应的法律责任。

(三)进行思想品德教育

教师的工作是教书育人的工作,通过教书,达到育人的目的。"对学生进行宪法所确定的基本原则的教育和爱国主义、民族团结教育、法制教育以及思想品德、文化、科学技术教育,组织、带领学生开展有益的社会活动。"这是对教师从事教育教学工作内容方面的全面规范。

其基本含义包括:(1)教师应自觉地结合自己教育教学的业务特点,将思想政治、品德教育贯穿在教育教学工作全过程之中。(2)在对学生进行思想政治、品德教育的内容上,要遵循宪法确定的四项基本原则。要引导学生逐步树立科学的人生观、世界观。教育学生爱祖国、爱人民、爱劳动、爱科学、爱社会主义,要使学生把坚持学习科学文化与加强思想修养相统一,坚持学习书本知识与投身社会实践相统一,坚持实现自身价值与服务相统一,坚持树立远大理想与进行艰苦奋斗的相统一。把学生培养成具有社会公德、文明行为习惯的遵纪守法的好公民。(3)教师应当有意识地对学生进行爱国主义、民族团结教育、法制教育,弘扬中华民族精神。

(四)关心爱护学生,促进学生的全面发展

关心、爱护全体学生,尊重学生人格,促进学生在品德、智力、体质等方面全面发展。这是我国《宪法》等有关法律在教育领域的具体体现。我国宪法第 38 条规定:"中华人民共和国公民的人格尊严不受侵犯。禁止用任何方式对公民进行侮辱、诽谤和进行陷害。"我国《民法总则》第 110 条第 1 款也作了相应的规定,即"自然人享有生命权、身体权、健康权、姓名权、肖像权、名誉权、荣誉权、隐私权、婚姻自主权等权利"。《未成年人保护法》第 21 条也给予了规定:"学校、幼儿园、托儿所的教职员工应当尊重未成年人的人格尊严,不得对未成年人实施体罚、变相体罚或者其他侮辱人格尊严的行为。"国家各类大法之所以对人格尊严都作出规定,是因为人格尊严是权利人最基本的精神权利,权利人的各项人格权利在不同程度上体现了人格尊严的要求,表现了我国法律对人格尊严的尊重。学生作为权利人,虽然在教育教学活动中居于受教育者地位,但同样享有人格尊严。现实中,由于忽视了未成年人人格尊严,使学生的这一权利往往容易受到侵犯。尤其是对有缺点错误的学生,教师更应给予特别关怀,使他们也能健康地成长,决不能采取简单粗暴的办法,不能侮辱、歧视他们,不能泄露学生隐私,更不能体罚和变相体罚学生。现实中,体罚学生的事件时有发生,包括罚打扫全校卫生,罚超长时间跑步,罚站、罚抄写大量作业,更有甚至用某些数学工具打学生等,因侮辱学生影响恶劣或体罚学生经教育不改的,泄露学生隐私,造成严重后果的,应承担相应的法律责任。

(五)保护学生合法权益,促进学生健康成长

制止有害于学生的行为或者其他侵犯学生合法权利的行为,批评和抵制有害于学生健康成长的现象。这一义务有两方面涵义:(1)教师制止的范围是特定的。主要指教师在学校工作和与教育教学工作相关的活动中,对侵犯其所负责教育管理的学生合法权益的违法行为给予制止。(2)教师批评和抵制的范围是一般意义上的。保护学生的合法权益和身心健康,是全社会的责任。教师自然更赋有义不容辞的义务。因此,教师对社会上出现的有害于身心健康成长的不良现象,有义务进行批评和抵制。

(六)不断提高思想政治觉悟和教育教学水平

教育教学工作是一项较强的专业性工作。担负着提高民族素质的使命,这就要求教师不断学习,加强自身的思想道德修养,使其保持较高的思想政治觉悟和教育教学专业水平。以适应教育教学工作需要。教师应不断提高自己思想政治觉悟和教育教学水平。教育教学工作是一项专业性较强的工作,担负着提高民族素质的使命。随着社会的进步,科技的发展,知识的更新速度不断加快。据美国技术预测专家詹姆斯·马丁预测,人类知识在19世纪是每五十年增长一倍,20世纪上半叶是每五年增长一倍,而目前已达到了每两年增长一倍。所以作为一名教师,要想胜任工作,跟上时代的发展步伐,就需要不断学习,加强自身的思想道德修养,提高业务水平。

以案释法

学校是否侵害了教师参加学术交流权

【案情介绍】某校化学教师赵某参加了县教育学会组织的为期一天的学术研讨会。由于该名教师事先未向学校请假,也没有和教同班课程的其他教师串课,致使他所任教的两个班各有一节化学课没有上。学校按旷职论处,按

照本校的有关规定,扣发其当日的工资和本月全勤奖,并在全校职工大会上提出批评。教师赵某对学校做出的处理决定不服,向这所学校的主管部门提出了申诉。其申诉理由是依据《教师法》第 7 条第(2)项规定,教师享有从事科学研究、学术交流、参加专业的学术团体、在学术活动中充分发表意见的权利。据此,要求返回扣发的工资和资奖金,在全校职工大会上取消对其所做的批评。

【案例评析】教育行政部门经调查,教师所述所情况基本属实。但同时教育部门认为,教师既享有法律赋予的权利,也应当完成法律规定的义务。《教师法》第 8 条第 2 项规定教师应当履行"贯彻国家的教育方针,遵守规章制度,执行学校的教学计划,履行教师聘约,完成教育教学工作任务"的义务。赵老师只强调了权利的方面,而没有遵守学校的规章制度和执行教学计划,没有很好地完成教育教学工作任务。学校做出的决定符合权限和程序,适用法律法规正确,事实清楚。因此决定:维持学校原处理结果。教师赵某内未向有关部门提起行政复议和诉讼。

教师参加学术研讨会是正当的一项权利,也是《教师法》中所予以保障的,但任何权利的行使,不是没有条件的,应在完成本职工作或不影响正常教育教学的前提下,否则这种权利的行使是得不到法律保护的。本案中教师赵某因参加学术研讨会,而使正常的教育教学活动受到影响,其行为就不受法律的保护。

第三节　教师的资格和任用

一、教师资格制度

教师资格制度是国家对教师实行的一种特定的职业资格认定制度,是公民获得教师工作应具备的特定条件和身份。《教育法》《教师法》都规定了国家实行教师资格制度。1995 年 12 月 12 日国务院发布的《教师资格条例》、2000 年 9 月 23 日教育部发布的《教师资格条例》实施办法,规定了教师资格的基本条件,教师资格分类与适用,教师资格考试、认定、罚则等。只有具备教师资格的人才能担任教师,否则不允许从事教师职业。教师资格一经取得,即在全国范围内普遍有效,不受时间、地点的限制,非依法律规定不得丧失。这对于加强教师队伍建设,提高教育教学质量,使我国教师资格与国际惯例接轨,具有十分重要的意义。

(一)教师资格的构成要件

《教师法》第 10 条第 2 款规定:"中国公民凡遵守宪法和法律,热爱教育事业,具有良好的思想品德,具备本法规定的学历或者国家教师资格考试合格,有教育教学能力,经认定合格的,可以取得教师资格。"教师资格构成要件包括国籍、品德、业务、学历和认定五个方面,缺一不可。

(1)国籍。取得教师资格者,必须是中国公民,是成为教师的先决条件。

(2)品德。取得教师资格者必须具有良好的政治思想水平和道德修养,是成为教师的一个重要条件。

(3)学历。学历是一个人受教育的经历,一般表明其具有的文化程度。教师是种专业化的职业,需要从业者具备专门的业务知识和技能才能完成教育教学任务。因此,对取得各级教师专业技术职务有基本的学历要求。《教师法》第 11 条对取得教师资格应当具备的相应的学历进行了具体规定。取得教师资格应当具备的相应学历是:①取得幼儿园教师资格,应当具备幼儿师范学校毕业及其以上学历;②取得小学教师资格,应当具备中等师范学校毕业及其以上学历;③取得初级中学教师、初级职业学校文化、专业课教师资格,应当具备高等师范专科学校或者其他大学专科毕业及其以上学历;④取得高级中学教师资格和中等专业学校、技工学校、职业高中文化课、专业课教师资格,应当具备高等师范院校本科或者其他大学本科毕业及其以上学历;取得中等专业学校、技工学校和职业高中学生实习指导教师资格应当具备的学历,由国务院教育行政部门规定;⑤取得高等学校教师资格,应当具备研究生或者大学本科毕业学历;⑥取得成人教育教师资格,应当按照成人教育的层次、类别,分别具备高等、中等学校毕业及其以上学历。不具备本法规定的教师资格学历的公民,申请获取教师资格,必须通过国家教师资格考试。国家教师资格考试制度由国务院规定。

(4)业务。教育教学能力是完成教育教学任务所必备的条件,也是取得教师资格的重要的条件之一。只有具有一定的教育教学能力,才能完成教育教学任务,胜任教师工作。所以,在《教师资格条例的实施办法》中对教师的教育教学能力作了具体规定。

(5)认定。教师资格必须经过法律授权的行政机关或其委托的其他机构通过合法的程序认定。

（二）教师资格的认定程序

具备教师资格的取得要件，并不意味着一定能取得教师资格，必须经过法定机构的认定，才具备教师资格。根据《教师法》和《教师资格条例》的有关规定，幼儿园、小学、初级中学、高级中学、中等专业学校、高等学校教师资格的认定分别由不同等级的法定机构来认定。例如，幼儿园、小学和初级中学教师资格，由申请人户籍所在地或者申请人任教学校所在地的县级人民政府教育行政部门认定。高级中学教师资格，由申请人户籍所在地或者申请人任教学校所在地的县级人民政府教育行政部门审查后，报上一级教育行政部门认定。民办学校教师资格按照审批权限由相应的审批部门认定。对已具备教师资格条件的公民要求有关部门认定其教师资格的，有关部门应当依照所申请的资格条件及时予以认定，不得推诿、拖延。

教师资格的认定必须遵循一定的操作程序。首先必须有申请人的申请，即按时提交申请表及有关证明材料；然后认定机构对申请人的条件进行审查，在受理期限终止 30 日内将审查结果通知本人；最后对经认定合格者，颁发由国务院教育行政部门统一制作的相应的教师资格证书。该证终身有效，全国通用。

（三）教师资格的限制取得和丧失

教师的职业特点决定了对教师的思想品德、道德修养必然有很高的要求。《教师法》第 14 条明确规定："受到剥夺政治权利或者故意犯罪受到有期徒刑以上刑事处罚的，不能取得教师资格；已经取得教师资格的，丧失教师资格。"《教师资格条例》中也有相应的规定。对有弄虚作假，骗取教师资格的；品行不良，侮辱学生，影响恶劣的等情形者均由县级以上人民政府教育行政部门撤销其教师资格，由其资格认定机构收回其教师资格证书。

二、教师任用制度

《教师法》第 16 条规定："国家实行教师职务制度，具体办法由国务院规定。"教师职务制度是我国教师任用的重要制度，教师职务是专业技术职务。教师任用制度的实施，从法律的高度确定了教师地位及其职业的不可替代性，促使教师队伍建设走上规范化、法治化的轨道，促进教师工资福利等待遇的改善，为优秀教师脱颖而出创造条件。这对于充分调动和发挥广大教师为社会主义教育事业服务的积极性、创造性具有巨大的推动作用。

我国教师职务根据岗位设立,即根据学校教学和科研的实际情况设置职务;教师职务与工资待遇挂钩,并有数额限制;教师职务要经过全面考核,以确定其是否称职;教师职务不适用于离退休教师,教师离退休时职务同时解聘。根据国家教育部的有关规定,目前我国教师职务系列设置:高等学校教师职务设助教、讲师、副教授、教授;中等专业学校设教员、助教、讲师、高级讲师;普通中小学及幼儿园设一、二、三级教师和高级教师;技工学校文化、技术理论课教师职务设高级讲师、讲师、助理讲师、教员;生产实习课教师职务设高级、一级、二级、三级、实习指导教师。各级成人高校执行同级学校教师职务试行条例。

三、教师聘任制度

《教师法》第17条规定:"学校和其他教育机构应当逐步实行教师聘任制。教师的聘任应当遵循双方地位平等的原则,由学校和教师签订聘任合同,明确规定双方的权利、义务和责任。实施教师聘任制的步骤、办法由国务院教育行政部门规定。"教师聘任制是学校与教师在遵循双方地位平等的原则下,签订聘任合同,明确规定双方的权利、义务和责任的一种制度,它是在当前为适应社会主义市场经济发展而进行的教师任用制度改革的重要组成部分。

教师聘任制度必须遵循双方地位平等的原则聘任是双方的法律行为,聘任关系基于独立而结合,基于意见一致或相互同意而成立,并在平等地位上签订聘任合同。聘任双方在平等地位上签订的聘任合同具有法律效力,对聘任双方都有约束力,它以聘书的形式明确双方的权利、义务和责任。在聘期内,教师、学校分别承担其义务、责任,行使自己的权利。根据聘任合同领取相应的工资,职务工资应反映教师的工作业绩、教育教学水平,体现按劳取酬的原则。

教师聘任形式依其聘任主体实施行为的不同可分为招聘、续聘、解聘、辞聘等几种形式。

第四节　教师的管理

一、教师的培养和培训

教师的培养和培训包括以下三个方面：(1)各级人民政府和有关部门应当办好师范教育，并采取措施，鼓励优秀青年进入各级师范学校学习。各级教师进修学校承担培训中小学教师的任务。非师范学校应当承担培养和培训中小学教师的任务。各级师范学校学生享受专业奖学金。(2)各级人民政府教育行政部门、学校主管部门和学校应当制定教师培训规划，对教师进行多种形式的思想政治、业务培训。(3)国家机关、企业事业单位和其他社会组织应当为教师的社会调查和社会实践提供方便，给予协助。各级人民政府应当采取措施，为少数民族地区和边远贫困地区培养、培训教师。

二、教师的考核、待遇和奖励

(一)考核

教师的考核包括以下三项：(1)学校或者其他教育机构应当对教师的政治思想、业务水平、工作态度和工作成绩进行考核。(2)教育行政部门对教师的考核工作进行指导、监督。(3)考核应当客观、公正、准确，充分听取教师本人、其他教师以及学生的意见。教师考核结果是受聘任教、晋升工资、实施奖惩的依据。

(二)教师的待遇

教师的待遇包括：(1)教师的平均工资水平应当不低于或者高于国家公务员的平均工资水平，并逐步提高。建立正常晋级增薪制度，具体办法由国务院规定。中小学教师和职业学校教师享受教龄津贴和其他津贴，具体办法由国务院教育行政部门会同有关部门制定。地方各级人民政府对教师以及具有中专以上学历的毕业生到少数民族地区和边远贫困地区从事教育教学工作的，应当予以补贴。(2)地方各级人民政府和国务院有关部门，对城市教师住房的建设、租赁、出售实行优先、优惠。县、乡两级人民政府应当为农村中小学教师解决住房提供方便。(3)教师的医疗同当地国家公务员享受同等的待遇；定期对教师进行身体健康检查,并因地制宜安排教师进行休养。医疗机构应当对当地教师的医疗提供方便。(4)教师退休或者退职后,享受国家规定的退休或者退职待遇。县级以上地方人民政府可以适当提高长期从事教育教学工作的中小学退休教师的退休金比例。(5)各级人民政府应当采取措施,改善国家补助、集体支付工资的中小学教师的待遇,逐步做到在工资收入上与国家支付工资的教师同工同酬,具体办法由地方各级人民政府根据本地区的实际情况规定。(6)社会力量所办学校的教师的待遇,由举办者自行确定并予以保障。

(三)教师的奖励

教师在教育教学、培养人才、科学研究、教学改革、学校建设、社会服务、勤工俭学等方面成绩优异的,由所在学校予以表彰、奖励。国务院和地方各级人民政府及其有关部门对有突出贡献的教师,应当予以表彰、奖励。对有重大贡献的教师,依照国家有关规定授予荣誉称号。国家支持和鼓励社会组织或者个人向依法成立的奖励教师的基金组织捐助资金,对教师进行奖励。

以案释法

教师工资挪用案

【案情介绍】某中学因翻修校舍急需一部分资金,2013年扣留了全体教师从7月份到9月份的全部工资款额共计4.32万元。对此全体教师对学校的行为极为不满,联名向教育行政部门提出申诉。其申诉依据是《教育法》第34条规定,国家保护教师的合法权益……教师的工资报酬、福利待遇,依法律法规的规定办理。《教师法》第7条第4项规定,教师享有"按时获取工资报酬、享有国家规定的福利待遇以及寒、暑假期带薪休假"的权利。要求学校马上归还扣留教师的全部工资。

【案例评析】教师获取报酬权被学校侵害。教师的请求能得到县教育局的支持。原因是拖欠教师工资,违反《教育法》《教师法》,是侵害了教师合法权益的行为。它不仅侵害了教师获取劳动报酬的基本权利,危及教师及其家庭生计,还严重影响了教师队伍的稳定和教育教学工作的正常进行,不利于教育事业的健康发展。根据调查结果和相应的法律法规,教育局作出以下处理:县教育行政部门责令该校及其责任人限期归还被挪用的教师工资,修建校舍的经费由该校另行解决。并决定对该校领导及其直接责任人员给予行政处分。

思考题

1. 教师的权利有哪些?

2. 教师的义务有哪些?

3. 教师资格的构成要件有哪些?

4. 教师考核包括哪几项?

法律链接　　　权威解读　　　专家观点　　　本章自测

第七章　学生法律知识

第一节　学生的权利与义务

一、学生的法律地位

（一）国家公民

公民指具有某一国国籍,并根据该国法律规定享有权利和承担义务的人。公民意识与臣民意识等相对,指一个国家的民众对社会和国家治理的参与意识。我国宪法规定凡具有中华人民共和国国籍的人都是中华人民共和国的公民。中华人民共和国公民在法律面前一律平等。国家尊重和保障人权。任何公民享有宪法和法律规定的权利,同时必须履行宪法和法律规定的义务。

（二）受教育者

作为学校这一特定环境中的一员,学生具有不同于一般国家公民的地位,其地位由我国《教育法》《义务教育法》及其他有关教育的法律、法规所确认。

（三）未成年人

对于中小学生而言,还具有不同于已满18周岁的学生的法律地位,他们的这一地位已由我国《中华人民共和国未成年人保护法》（以下简称《未成年人保护法》)《中华人民共和国预防未成年人犯罪法》（以下简称《预防未成年人犯罪法》)等法律、法规或相关的条款所确认。

二、学生的权利

（一）学生的受教育权

受教育权是公民的一项基本权利。学生作为公民的一员理应享有受教育的权利。《宪法》第46条和《教育法》第9条都规定,中华人民共和国公民有受教育的权利和义务。同时《教育法》也规定了公民不分民族、种族、性别、职业、财产状况、宗教信仰等，依法享有平等的受教育的机会。《义务教育法》第2条规定，国家实行九年制义务教育制度。《未成年人保护法》第3条第2款规定，未成年人享有受教育权，国家、社会、学校和家庭尊重和保障未成年人的受教育权。

（二）学生的人格尊严权

人格尊严是公民的一项基本权利，《宪法》第38条明确规定，中华人民共和国公民的人格尊严不受侵犯；禁止用任何方法对公民进行侮辱、诽谤和诬告陷害。学生也是公民，其人格尊严同样受法律的确认和保护。《教师法》第8条规定，教师应履行关心、爱护全体学生，尊重学生人格，促进学生在品德、智力、体质等方面全面发展的义务。《未成年人保护法》第18条规定，学校应当尊重未成年学生受教育的权利，关心、爱护学生，对品行有缺点、学习有困难的学生，应当耐心教育、帮助，不得歧视，不得违反法律和国家规定开除未成年学生。《教师法》还规定了教师侮辱学生的法律责任，第37条规定，教师品行不良、侮辱学生，影响恶劣的，由所在学校、其他教育机构或者教育行政部门给予行政处分或者解聘，情节严重，构成犯罪的，依法追究刑事责任。

（三）学生的身体健康权

学生的健康权是学生人身权的重要内容。健康的身体是学生开展学习活动必要的前提，因此学校在学校教育教学活动中，不仅要保护学生的人格尊严等精神因素免遭侵害，而且还要保护学生的健康权乃至生命权有时也会免遭侵害。这里的侵害实施主体主要是指学校和代表学校履行教育与教学职责的教师。在学校中，对学生身体健康权和生命权的侵害主要表现为体罚学生和学校事故。

（四）学生的表达自由权

我国《宪法》第35条规定了中华人民共和国公民有言论的自由。作为公民之一，学生当然也享有言论自由。但在学校中，并非所有的言论都受到法律的同等程度的保护，有一些言论完全不受法律保护，比如诽谤、诬陷他人等。学生在维护自己合法权益的同时，也应当遵守学校发表言论的秩序，不发表违法言论。学校的管理者和义务人在约束学生上述不良言论行为外，也要充分保护学生合法的言论自由权。

（五）学生的人身自由权

我国《宪法》第 37 条规定,中华人民共和国公民的人身自由不受侵犯。任何公民,非经人民检察院批准或者决定或者人民法院决定,并由公安机关执行,不受逮捕。禁止非法拘禁和以其他方法非法剥夺或者限制公民的人身自由,禁止非法搜查公民的身体。公民的人身自由权是宪法所规定的公民的一种基本权利。学生也享有人身自由权,但学生的人身自由不是绝对的。学生在校要遵守学校管理的合理要求。

（六）学生的通信自由权与通信秘密权

我国《宪法》第 40 条规定,中华人民共和国公民的通信自由和通信秘密受法律的保护。除因国家安全或者追查刑事犯罪的需要,由公安机关或者检察机关依照法律规定的程序对通信进行检查外,任何组织或者个人不得以任何理由侵犯公民的通信自由和通信秘密。《未成年人保护法》第 39 条规定任何组织或者个人不得披露未成年人的个人隐私。对未成年人的信件、日记、电子邮件,任何组织或者个人不得隐匿、毁弃;除因追查犯罪的需要,由公安机关或者人民检察院依法进行检查,或者对无行为能力的未成年人的信件、日记、电子邮件由其父母或者其他监护人代为开拆、查阅外,任何组织或者个人不得开拆、查阅。

学生在校期间需要受到学校一系列的监督和管理,包括准时上课、出勤、不得作弊、不得扰乱课堂纪律等等,这些显然都是对学生言行的约束,但是这些约束是和学校本身的功能、性质及管理要求相匹配的,所以这些约束不被认为是对学生自由的侵犯。学校及其教职工不能私自拆看学生信件、不能拦截学生的通信记录;但是可以设定相应规范限制学生携带手机、平板电脑等,保证教学活动的进行。

另外,除以上一般权利外,《教育法》第 43 条还规定,受教育者享有下列权利:(1)参加教育教学计划安排的各种活动,使用教育教学设施、设备、图书资料;(2)按照国家有关规定获得奖学金、贷学金、助学金;(3)在学业成绩和品行上获得公正评价,完成规定的学业后获得相应的学业证书、学位证书;(4)对学校给予的处分不服向有关部门提出申诉,对学校、教师侵犯其人身权、财产权等合法权益,提出申诉或者依法提起诉讼;(5)法律、法规规定的其他权利。

三、学生的义务

根据《教育法》第 44 条的规定,学生应当履行下列义务:(1)遵守法律、法规。这里的法律、法规是指宪法、法律、行政法规、部委规章、地方性法规和规章,当然也包括有关教育的各种法律、法规、规章。(2)遵守学生行为规范,尊敬师长,养成良好的思想品德和行为习惯。这里所说的"学生行为规范"是指国家教委颁发的《小学生日常行为规范》《中学生日常行为规范》和《高等学校学生行为准则》三个规章。(3)努力学习,完成规定的学习任务。(4)遵守所在学校或者其他教育机构的管理制度。指学校或其他教育机构的思想政治教育管理制度、教育管理制度、学籍管理制度和其他管理制度。学生有遵守法律、法规和学校管理制度的义务。学生如不履行法定义务,有关部门将视其违纪违法行为的情节严重程度要求学生承担相应的法律责任。

以案释法

学生在校受伤害,校方应否担责

【案情介绍】2015 年 6 月 8 日上午,在上早读前,某小学学生刘某(6 岁)、黄某(6 岁)、朱某(7 岁)、姚某、吴某等几位学生在学校操场上玩游戏,当时黄某时不小心被石头绊倒在刘某身旁,然后由刘某撞到朱某,朱某再倒在姚某身上,最后朱某倒地跌伤左眼,眼睛缓慢出血。老师知道后,并未过多关注而是到下午快放学时才将原告朱某护送到乡医院治疗。次日,朱某辗转外地多家医院治疗。经医院诊断,朱某为左眼球破裂伤、左眼外伤性白内障。为治疗眼伤,朱某总共用去医疗费用 10 万元。后经鉴定,朱某伤情构成伤残七级。朱某父母因赔偿事宜与刘某、某小学多次协商未果,故原告诉至法院,要求判令被告赔偿医疗费、残疾赔偿金、护理费、精神损害抚慰金等合计人民币 11 万余元。

【案例评析】本案中,学生与学校之间应是一种教育关系。根据《教育法》《未成年人保护法》等法律的规定,学校对未成年学生负有教育、管理和保护的义务。这些规定说明,学校与学生之间既不是学校承担监护人管理义务的监护关系,也不是平等主体之间的合同关系,而是教育关系与管理、保护关系的统一。

同时,《学生伤害事故处理办法》也明确规定学校负有的教育、管理、保护学生方面的义务和责任。如《学生伤害事故处理办法》第 5 条规定,学校应当对在校学生进行必要的安全教育和自护自救教育;应当按照规定,建立健全安全制度,采取相应的管理措施,预防和消除教育教学环境中存在的安全隐患;当发生伤害事故时,应当及时采取措施救助受伤害学生。学校对学生进行安全教育、管理和保护,应当针对学生年龄、认知能力和法律行为能力的不同,采用相应的内容和预防措施。

因此,未成年学生在校学习期间,学校对他们有保护、教育和负责其安全的义务,对无民事行为能力人在校期间造成的损害,负有因未尽到教育和管理职责的责任。学校承担责任适用过错责任原则,朱某与刘某上课前相互嬉闹,造成朱某摔伤眼睛致残,学校没有完全尽到履行教育和管理的职责,学校对朱某的伤残具有过错,因此,学校应当承担相应的赔偿责任。

第二节　学生伤害事故

一、学生伤害事故的概念与构成要件

（一）概念

学生伤害事故又称学校事故,是指在校学生以及幼儿园在读儿童在学校或者幼儿园就读期间,参加学校或者幼儿园组织的教育教学活动中以及在学校负有管理责任的校舍、场地、其他教育教学设施、生活设施内发生的,受到人身伤害或者死亡,以及对他人造成人身伤害或者死亡,学校应当承担相应民事责任的事故。上述的在校期间,作广义理解,即不是仅仅指形式意义上的在校期间,而是在学校对学生教育、管理和保护的期间。

（二）构成要件

学生伤害事故须具备五个构成要件:(1)受害方必须是学生。即在国家或者社会力量举办的全日制学校(包括中小学校、特殊教育学校和高等学校)中全日制就读的受教育者。(2)必须有伤害结果发生。依据有关法律法规规定,这类伤害结果是指身体的直接创伤或死亡,不包括仅仅是精神上的伤害。(3)必须有导致学生伤害事故的行为。包括教师或者其他管理人员的行为,也可以是学生自身及其他学生的行为,同时,来自校外突发性、偶发性或者其他形式的侵害也是导致学生伤害事故的原因之一。(4)主观方面,绝大多数是过失,在某些情况下也可以是故意。(5)从时间和地点上看,伤害行为或者结果必须有一项是发生在学校对学生负有教育、管理、指导、保护等职责的期间和地域范围。

另外，因学校教师或者其他工作人员与其职务无关的个人行为，或者因学生、教师及其他个人故意实施的违法犯罪行为造成学生人身损害的，不应属于学生伤害事故范畴。

二、学生意外伤害事故分类

（一）校内事故

校内事故有以下几种主要情形：

（1）食物中毒。事故一般多发于细菌容易滋生的夏季，一般表现为蔬菜农药残留超标、变质食品、无证食品等，极少数为投毒案例。

（2）校车安全事故。事故原因主要集中在校车超载引发的交通事故及因老师疏忽滞留孩子在车上未及时发现引发的安全事故。

（3）校园性侵害。近年来，"校园性侵害"成为越来越严重的社会问题。

（4）踩踏。主要集中在楼道、台阶、校门等学生人流集中处，尤其容易发生在学生上、下课时，玩耍时。校园内的栏杆、围墙、水泥地面等都可能成为"杀手"。

（二）校外事故

校外事故主要有以下几种情形：

（1）溺水。主要集中在游泳时、河边、江边、塘边，每年夏天，尤其是暑假期间是大量溺水意外事故频发的高危时期。

（2）自然灾害。主要集中在雷击、洪水、台风、冰雹等不可抗的自然因素造成的意外伤害。

（3）烧伤烫伤。夏季是儿童烧伤烫伤的高发季节。厨房是烧伤烫伤的多发地。衣服单薄，皮肤暴露多，一旦监护人稍有疏忽，容易发生意外。

（4）拐骗。近年来，拐骗儿童犯罪问题突出。由微博发出的寻子故事不断上演，引发社会各界高度关注。

（5）触电。主要发生在监护人不在身边看管的时间段，孩子在无意识情况下意外遭受电击。

三、学生伤害事故的防治

(一)引起学生伤害事故的因素

根据目前社会、学校教育环境以及学生伤害事件的经验教训中,主要从以下几个方面加以警惕。

1.食品安全隐患

学校大型公共设施如食堂卫生是否符合标准,炊事人员卫生习惯及身体健康是否经过合格检查,食品是否卫生,有没有腐烂发霉及超期现象等,管理不当很容易发生食品安全隐患。

2.交通安全隐患

有的学校有校车专车接送上下学学生,途中行驶是否遵守交通规则,司机是否持有驾照,上下车是否注意交通安全,有无超载现象。近年来,校车超载现象已相当严重,对学生伤害事件触目惊心。

3.意外伤害事故隐患

在学校组织大型文体活动中最易出现安全隐患,当学校组织大型活动时,要有详细周密的活动计划和安排,避免出现意外伤害事故。

4.设施安全隐患

学校教育设施及活动器材要妥善安置和管理,在校内活动中注意人身安全。还有校址的选择要远离陡坡、高压线、河边等不安全地带,防范设施安全隐患。

5.网络安全隐患

面对开放、多元、虚无的网络媒介,未成年学生意志力薄弱,是非分辨能力不强,部分学生容易步入歧途,做一些违背道德和社会法律准则行为,网络安全隐患不容忽视。

(二)学生伤害事故的预防措施

针对学生伤害事故的复杂化多元化,学校、社会、家庭可以从多方面采取防范措施:(1)建立健全安全制度:学校要制定科学合理的安全工作规章制度,明确学校各部门和老师在校期间各个方面、各个时段、甚至各个场合的安全工作职责,切实落实各项安全防范措施。(2)加强学生安全教育:安全事故重在预防,学校和家庭要切实树立安全第一意识,高度重视学生安全教育,充分利用校报、广播、班会等载体,根据学生年龄和学习生活实际,积极开展形式多样的安全教育活动,提高安全防护能力。(3)要定期检查教育活动场所和安全设施,保障学生安全环境。(4)开展学生紧急救护和安全避险逃生教育,提高面临事故发生时及时应对能力。(5)学校要加强校门卫安全防卫制度,校外人员无故禁止入校,避免外部环境对校园学生的伤害。(6)学校还要设立学生心理咨询中心,针对学生情感的脆弱、不成熟及燥动,心理咨询师应适时给予帮助教育,提高学生心理的承受能力。(7)针对学生在上下学途中交通安全隐患,社会要引起高度重视,超载、超速及无证驾驶正在悄然的威胁着学生的生命,给社会和家庭造成无端的伤害。

以上各种预防措施目标就是保护未成年学生的安全。社会各方都应从道德伦理、技术手段、制度保障、社会环境等多环节,采取有效措施预防不必要伤害事故的发生,这也是社会、学校、家庭义不容辞的责任。

四、学生伤害事故的责任划分

(一)一般规定

学生伤害事故的责任,应当根据相关当事人的行为与损害后果之间的因果关系依法确定。因学校、学生或者其他相关当事人的过错造成的学生伤害事故,相关当事人应当根据其行为过错程度的比例及其与损害后果之间的因果关系承担相应的责任。当事人的行为是损害后果发生的主要原因,应当承担主要责任;当事人的行为是损害后果发生的非主要原因,应承担相应的责任。

(二)学校承担的责任

1.学校承担责任的情形

因下列情形之一造成的学生伤害事故,学校应当依法承担相应的责任:(1)学校的校舍、场地、其他公共设施,以及学校提供给学生使用的学具、教育教学和生活设施、设备不符合国家规定的标准,或者有明显不安全因素的;(2)学校的安全保卫、消防、设施设备管理等安全管理制度有明显疏漏,或者管理混乱,存在重大安全隐患,而未及时采取措施的;(3)学校向学生提供的药品、食品、饮用水等不符合国家或者行业的有关标准、要求的;(4)学校组织学生参加教育教学活动或者校外活动,未对学生进行相应的安全教育,并未在可预见的范围内采取必要的安全措施的;(5)学校知道教师或者其他工作人员患有不适宜担任教育教学工作的疾病,但未采取必要措施的;(6)学校违反有关规定,组织或者安排未成年学生从事不宜未成年人参加的劳动、体育运动或者其他活动的;(7)学生有特异体质或者特定疾病,不宜参加某种教育教学活动,学校知道或者应当知道,但未予以必要的注意的;(8)学生在校期间突发疾病或者受到伤害,学校发现,但未根据实际情况及时采取相应措施,导致不良后果加重的;(9)学校教师或者其他工作人员体罚或者变相体罚学生,或者在履行职责过程中违反工作要求、操作规程、职业道德或者其他有关规定的;(10)学校教师或者其他工作人员在负有组织、管理未成年学生的职责期间,发现学生行为具有危险性,但未进行必要的管理、告诫或者制止的;(11)对未成年学生擅自离校等与学生人身安全直接相关的信息,学校发现或者知道,但未及时告知未成年学生的监护人,导致未成年学生因脱离监护人的保护而发生伤害的;(12)学校有未依法履行职责的其他情形的。

2.学校责任的排除情形

因下列情形之一造成的学生伤害事故,学校已履行了相应职责,行为并无不当的,无法律责任:(1)地震、雷击、台风、洪水等不可抗的自然因素造成的;(2)来自学校外部的突发性、偶发性侵害造成的;(3)学生有特异体质、特定疾病或者异常心理状态,学校不知道或者难于知道的;(4)学生自杀、自伤的;(5)在对抗性或者具有风险性的体育竞赛活动中发生意外伤害的;(6)其他意外因素造成的。

下列情形下发生的造成学生人身损害后果的事故,学校行为并无不当的,不承担事故责任;事故责任应当按有关法律法规或者其他有关规定认定:(1)在学生自行上学、放学、返校、离校途中发生的;(2)在学生自行外出或者擅自离校期间发生的;(3)在放学后、节假日或者假期等学校工作时间以外,学生自行滞留学校或者自行到校发生的;(4)其他在学校管理职责范围外发生的。

另外,因学校教师或者其他工作人员与其职务无关的个人行为,或者因学生、教师及其他个人故意实施的违法犯罪行为,造成学生人身损害的,由致害人依法承担相应的责任。

(三)学生或者未成年学生监护人承担责任

学生或者未成年学生监护人由于过错,有下列情形之一,造成学生伤害事故,应当依法承担相应的责任:(1)学生违反法律法规的规定,违反社会公共行为准则、学校的规章制度或者纪律,实施按其年龄和认知能力应当知道具有危险或者可能危及他人的行为的；（2）学生行为具有危险性，学校、教师已经告诫、纠正，但学生不听劝阻、拒不改正的；（3）学生或者其监护人知道学生有特异体质，或者患有特定疾病，但未告知学校的；（4）未成年学生的身体状况、行为、情绪等有异常情况，监护人知道或者已被学校告知，但未履行相应监护职责的；（5）学生或者未成年学生监护人有其他过错的。

（四）其他人员的责任

学校安排学生参加活动，因提供场地、设备、交通工具、食品及其他消费与服务的经营者，或者学校以外的活动组织者的过错造成的学生伤害事故，有过错的当事人应当依法承担相应的责任。

以案释法

教室伸懒腰，铅笔戳伤同学眼

【案情介绍】王某和陆某是某小学六年级同班同学。某日下午放学前的自由活动时间，在教室里的王某因走上讲台拿作业本，在经过坐在前排的陆某身边时，陆某伸了个懒腰，手中的铅笔尖正巧戳进了王某的左眼。当时，王某因痛揉了揉眼睛，没在意，回去也没告诉家人。上课时，班主任发现王某频繁揉眼睛，问了问王某得知他左眼被戳的事，但也没有采取任何措施。次日晚上，王某爸爸在家发现王某左眼红肿、流泪，一问才知真相，即带儿子到医院治疗。经手术治疗后，王某双眼又并发交感性眼炎，视力急剧下降。医院鉴定王某的左眼视力为 0.06，右眼视力为 0.2，且不能矫正，左眼角膜裂伤，外伤性白内障，双眼交感性眼炎，已达六级伤残。王某病情虽稳定下来，但随时可能发作，最终可能导致双目失明。王某在索赔无果的情况下，将同学陆某和学校告上了法庭。

【案例评析】本案中，所涉及的教育关系主体有学校、学生陆某、王某及其监护人。该小学对事故的发生并没有过错，因为事情发生在下课自由活动时间，且事件的发生纯属意外。但学校在知情后善后处理不当，存在过错。作为一个老师，应当意识到铅笔尖扎进眼睛后可能会产生的严重后果，听到学生的反映后，应当立即送受伤学生到校卫生室由保健医生检查后视情况进行救治，同时应当通知家长请家长协助。但该学校老师在得知王某眼睛受伤后采取不负责任的态度,仅仅过问了一下却没有采取措施,客观上延误了受伤学生治疗的时间。学校作为正常管理人,对学生在校期间所发生的有关情况具有注意和及时向监护人报告的义务。学校在王某眼睛被戳事故发生后的第二天就知晓王某眼睛受伤,却未及时将事故告知双方监护人,也没有当即采取相应处理措施,致使王某因未及时就诊而使病情有所加重,对治疗造成一定的不良影响。所以,该小学要承担相应的过错责任。陆某作为民法上规定的限制行为能力人,应当认识到在班级有学生的情况下手挥铅笔可能产生的后果,由于他的疏忽大意而造成王某眼睛受伤。故陆某对造成王某的伤残应承担主要的过错责任。鉴于陆某是限制民事行为能力人,应负赔偿责任由其监护人承担。

第三节　未成年人的保护

一、概述

(一)未成年人的概念

未成年人,即指仍未成年的人。法律上,未成年人就是指未满法定成年年龄的人,当中包括婴儿、儿童,及部分青少年。在我国,未成年人是指未满18周岁的公民。这是判断一个人是否为未成年人,有没有完全民事行为能力是一个重要衡量标准。

(二)保护原则

保护未成年人的工作,应当遵循下列原则:(1)尊重未成年人的人格尊严;(2)适应未成年人身心发展的规律和特点;(3)教育与保护相结合。

二、基本权利

我国未成年人享有的基本权利有以下内容:(1)生命健康权。未成年人享有生命健康的权利。(2)人身自由权。未成年人的人身自由不受侵犯。禁止非法拘禁、剥夺或限制未成年人的人身自由和非法搜身。(3)姓名权。未成年人享有姓名权,有权决定、使用和依照规定改变自己的姓名,禁止他人干涉、滥用和假冒。(4)肖像权。未成年人享有肖像权,未经本人同意,不得以营利为目的使用其肖像。(5)名誉权。未成年人享有名誉权,其人格尊严受法律保护,禁止用侮辱、诽谤等方式损害未成年人的名誉。(6)荣誉权。未成年人享有荣誉权,禁止非法剥夺其荣誉称号。(7)财产所有权。国家保护未成年人合法收入、储蓄、房屋和其他合法财产的所有权。禁止任何组织或个人侵占、哄抢、破坏或者非法查卦、扣押、冻结、没收。(8)财产继承权。未成年人享有合法财产的继承权,并受法律保护。(9)著作权。未成年人享有著作权(版权),依法有署名、发表、出版,获得报酬等权利。(10)专利权。未成年人对其获得批准的专利享有专利权,并依法得到保护。(11)批评、建议、申诉、控告、检举权。未成年人对国家各项工作和国家工作人员有批评、建议、申诉、控告和检举的权利。(12)取得国家赔偿权。未成年人依法有取得国产赔偿的权利。(13)宗教信仰自由权。未成年人有宗教信仰的自由。(14)民族风俗习惯自由权。未成年人的民族风俗习惯依法受到保护。(15)通信自由和通信秘密权。对未成年人的信件,除因追查犯罪的需要由公安或检察机关依法进行检查,或对无行为能力的未成年人(不满10周岁)的信件,由其父母或其他监护人代拆外,未经未成年人本人同意,任何组织和个人(包括家长和老师)不得私拆、截留、隐匿、毁弃。(16)受教育权。未成年人享有受教育的权利。

三、家庭保护

(1)父母或者其他监护人应当创造良好、和睦的家庭环境,依法履行对未成年人的监护职责和抚养义务。禁止对未成年人实施家庭暴力,禁止虐待、遗弃未成年人,禁止溺婴和其他残害婴儿的行为,不得歧视女性未成年人或者有残疾的未成年人。

(2)父母或者其他监护人应当关注未成年人的生理、心理状况和行为习惯,以健康的思想、良好的品行和适当的方法教育和影响未成年人,引导未成年人进行有益身心健康的活动,预防和制止未成年人吸烟、酗酒、流浪、沉迷网络以及赌博、吸毒、卖淫等行为。

(3)父母或者其他监护人应当学习家庭教育知识,正确履行监护职责,抚养教育未成年人。有关国家机关和社会组织应当为未成年人的父母或者其他监护人提供家庭教育指导。

(4)父母或者其他监护人应当尊重未成年人受教育的权利,必须使适龄未成年人依法入学接受并完成义务教育,不得使接受义务教育的未成年人辍学。父母或者其他监护人应当根据未成年人的年龄和智力发展状况,在作出与未成年人权益有关的决定时告知其本人,并听取他们的意见。父母或者其他监护人不得允许或者迫使未成年人结婚,不得为未成年人订立婚约。

(5)父母因外出务工或者其他原因不能履行对未成年人监护职责的,应当委托有监护能力的其他成年人代为监护。

四、学校保护

(1)学校应当全面贯彻国家的教育方针,实施素质教育,提高教育质量,注重培养未成年学生独立思考能力、创新能力和实践能力,促进未成年学生全面发展。学校应当尊重未成年学生受教育的权利,关心、爱护学生,对品行有缺点、学习有困难的学生,应当耐心教育、帮助,不得歧视,不得违反法律和国家规定开除未成年学生。学校应当根据未成年学生身心发展的特点,对他们进行社会生活指导、心理健康辅导和青春期教育。

(2)学校应当与未成年学生的父母或者其他监护人互相配合,保证未成年学生的睡眠、娱乐和体育锻炼时间,不得加重其学习负担。

(3)学校、幼儿园、托儿所的教职员工应当尊重未成年人的人格尊严,不得对未成年人实施体罚、变相体罚或者其他侮辱人格尊严的行为。学校、幼儿园、托儿所应当建立安全制度,加强对未成年人的安全教育,采取措施保障未成年人的人身安全。学校、幼儿园、托儿所不得在危及未成年人人身安全、健康的校舍和其他设施、场所中进行教育教学活动。

(4)学校、幼儿园安排未成年人参加集会、文化娱乐、社会实践等集体活动,应当有利于未成年人的健康成长,防止发生人身安全事故。教育行政等部门和学校、幼儿园、托儿所应当根据需要,制定应对各种灾害、传染性疾病、食物中毒、意外伤害等突发事件的预案,配备相应设施并进行必要的演练,增强未成年人的自我保护意识和能力。学校对未成年学生在校内或者本校组织的校外活动中发生人身伤害事故的,应当及时救护,妥善处理,并及时向有关主管部门报告。

(5)对于在学校接受教育的有严重不良行为的未成年学生,学校和父母或者其他监护人应当互相配合加以管教;无力管教或者管教无效的,可以按照有关规定将其送专门学校继续接受教育。

(6)依法设置专门学校的地方人民政府应当保障专门学校的办学条件,教育行政部门应当加强对专门学校的管理和指导,有关部门应当给予协助和配合。

（7）专门学校应当对在校就读的未成年学生进行思想教育、文化教育、纪律和法制教育、劳动技术教育和职业教育。专门学校的教职员工应当关心、爱护、尊重学生，不得歧视、厌弃。

（8）幼儿园应当做好保育、教育工作，促进幼儿在体质、智力、品德等方面和谐发展。

五、社会保护

（一）对文化设施的规定

各级人民政府应当保障未成年人受教育的权利，并采取措施保障家庭经济困难的、残疾的和流动人口中的未成年人等接受义务教育。各级人民政府应当建立和改善适合未成年人文化生活需要的活动场所和设施，鼓励社会力量兴办适合未成年人的活动场所，并加强管理。爱国主义教育基地、图书馆、青少年宫、儿童活动中心应当对未成年人免费开放；博物馆、纪念馆、科技馆、展览馆、美术馆、文化馆以及影剧院、体育场馆、动物园、公园等场所，应当按照有关规定对未成年人免费或者优惠开放。

县级以上人民政府及其教育行政部门应当采取措施，鼓励和支持中小学校在节假日期间将文化体育设施对未成年人免费或者优惠开放。社区中的公益性互联网上网服务设施，应当对未成年人免费或者优惠开放，为未成年人提供安全、健康的上网服务。

（二）对出版及传媒领域的规定

国家鼓励新闻、出版、信息产业、广播、电影、电视、文艺等单位和作家、艺术家、科学家以及其他公民，创作或者提供有利于未成年人健康成长的作品。出版、制作和传播专门以未成年人为对象的内容健康的图书、报刊、音像制品、电子出版物以及网络信息等，国家给予扶持。国家鼓励科研机构和科技团体对未成年人开展科学知识普及活动。国家采取措施，预防未成年人沉迷网络。国家鼓励研究开发有利于未成年人健康成长的网络产品，推广用于阻止未成年人沉迷网络的新技术。

禁止任何组织、个人制作或者向未成年人出售、出租或者以其他方式传播淫秽、暴力、凶杀、恐怖、赌博等毒害未成年人的图书、报刊、音像制品、电子出版物以及网络信息等。

（三）对食品、玩具、游乐场所的规定

生产、销售用于未成年人的食品、药品、玩具、用具和游乐设施等，应当符合国家标准或者行业标准，不得有害于未成年人的安全和健康；需要标明注意事项的，应当在显著位置标明。

（四）对娱乐场所及网络服务业的规定

中小学校园周边不得设置营业性歌舞娱乐场所、互联网上网服务营业场所等不适宜未成年人活动的场所。营业性歌舞娱乐场所、互联网上网服务营业场所等不适宜未成年人活动的场所，不得允许未成年人进入，经营者应当在显著位置设置未成年人禁入标志；对难以判明是否已成年的，应当要求其出示身份证件。

（五）对出售烟酒的规定

禁止向未成年人出售烟酒，经营者应当在显著位置设置不向未成年人出售烟酒的标志；对难以判明是否已成年的，应当要求其出示身份证件。任何人不得在中小学校、幼儿园、托儿所的教室、寝室、活动室和其他未成年人集中活动的场所吸烟、饮酒。

（六）对企业单位用工的规定

任何组织或者个人不得招用未满16周岁的未成年人，国家另有规定的除外。任何组织或者个人按照国家有关规定招用已满16周岁未满18周岁的未成年人的，应当执行国家在工种、劳动时间、劳动强度和保护措施等方面的规定，不得安排其从事过重、有毒、有害等危害未成年人身心健康的劳动或者危险作业。

（七）对未成年人隐私权的规定

任何组织或者个人不得披露未成年人的个人隐私。对未成年人的信件、日记、电子邮件，任何组织或者个人不得隐匿、毁弃；除因追查犯罪的需要，由公安机关或者人民检察院依法进行检查，或者对无行为能力的未成年人的信件、日记、电子邮件由其父母或者其他监护人代为开拆、查阅外，任何组织或者个人不得开拆、查阅。

（八）在突发事件及犯罪行为中对未成年人的保护规定

学校、幼儿园、托儿所和公共场所发生突发事件时，应当优先救护未成年人。禁止拐卖、绑架、虐待未成年人，禁止对未成年人实施性侵害。禁止胁迫、诱骗、利用未成年人乞讨或者组织未成年人进行有害其身心健康的表演等活动。

公安机关应当采取有力措施，依法维护校园周边的治安和交通秩序，预防和制止侵害未成年人合法权益的违法犯罪行为。任何组织或者个人不得扰乱教学秩序，不得侵占、破坏学校、幼儿园、托儿所的场地、房屋和设施。

（九）对流浪未成年人及孤儿的保护规定

县级以上人民政府及其民政部门应当根据需要设立救助场所，对流浪乞讨等生活无着未成年人实施救助，承担临时监护责任；公安部门或者其他有关部门应当护送流浪乞讨或者离家出走的未成年人到救助场所，由救助场所予以救助和妥善照顾，并及时通知其父母或者其他监护人领回。对孤儿、无法查明其父母或者其他监护人的以及其他生活无着的未成年人，由民政部门设立的儿童福利机构收留抚养。未成年人救助机构、儿童福利机构及其工作人员应当依法履行职责，不得虐待、歧视未成年人；不得在办理收留抚养工作中牟取利益。

（十）对医疗卫生的保护规定

卫生部门和学校应当对未成年人进行卫生保健和营养指导，提供必要的卫生保健条件，做好疾病预防工作。卫生部门应当做好对儿童的预防接种工作，国家免疫规划项目的预防接种实行免费；积极防治儿童常见病、多发病，加强对传染病防治工作的监督管理，加强对幼儿园、托儿所卫生保健的业务指导和监督检查。

（十一）对知识产权及荣誉权的保护规定

国家依法保护未成年人的智力成果和荣誉权不受侵犯。

六、司法保护

（1）公安机关、人民检察院、人民法院以及司法行政部门，应当依法履行职责，在司法活动中保护未成年人的合法权益。未成年人的合法权益受到侵害，依法向人民法院提起诉讼的，人民法院应当依法及时审理，并适应未成年人生理、心理特点和健康成长的需要，保障未成年人的合法权益。在司法活动中对需要法律援助或者司法救助的未成年人，法律援助机构或者人民法院应当给予帮助，依法为其提供法律援助或者司法救助。

（2）人民法院审理继承案件，应当依法保护未成年人的继承权和受遗赠权。人民法院审理离婚案件，涉及未成年子女抚养问题的，应当听取有表达意愿能力的未成年子女的意见,根据保障子女权益的原则和双方具体情况依法处理。

(3)父母或者其他监护人不履行监护职责或者侵害被监护的未成年人的合法权益,经教育不改的,人民法院可以根据有关人员或者有关单位的申请,撤销其监护人的资格,依法另行指定监护人。被撤销监护资格的父母应当依法继续负担抚养费用。

(4)对违法犯罪的未成年人,实行教育、感化、挽救的方针,坚持教育为主、惩罚为辅的原则。对违法犯罪的未成年人,应当依法从轻、减轻或者免除处罚。公安机关、人民检察院、人民法院办理未成年人犯罪案件和涉及未成年人权益保护案件,应当照顾未成年人身心发展特点,尊重他们的人格尊严,保障他们的合法权益,并根据需要设立专门机构或者指定专人办理。公安机关、人民检察院讯问未成年犯罪嫌疑人,询问未成年证人、被害人,应当通知监护人到场。公安机关、人民检察院、人民法院办理未成年人遭受性侵害的刑事案件,应当保护被害人的名誉。

(5)对羁押、服刑的未成年人,应当与成年人分别关押。羁押、服刑的未成年人没有完成义务教育的,应当对其进行义务教育。解除羁押、服刑期满的未成年人的复学、升学、就业不受歧视。对未成年人犯罪案件,新闻报道、影视节目、公开出版物、网络等不得披露该未成年人的姓名、住所、照片、图像以及可能推断出该未成年人的资料。对未成年人严重不良行为的矫治与犯罪行为的预防,依照预防未成年人犯罪法的规定执行。

以案释法

五岁男孩为何惨遭家暴

【案情介绍】5月8日上午,120救护车和110警车相继赶到辽宁省某市区一居民楼下,5岁男孩齐齐(化名)惨死家中。齐齐全身伤痕累累,旧伤叠加新伤,齐齐的父亲李某与继母王某先后被警方控制。记者近日从该市公安局某分局获悉,目前,齐齐父亲李某以及继母因涉嫌故意伤害致死,已被警方依法刑事拘留。

【案例评析】本案中,5岁的齐齐非常需要母爱,当他这种内心的渴望得不到满足时,就会以淘气、哭闹等方式引起家长的关注。然而,齐齐和继母生活在一起,生父和继母没有对齐齐作为一名5岁儿童的正常心理需求给予应有的关爱及回应,反而因为哭闹惩罚齐齐,这样就造成了恶性循环。这种恶性循环愈演愈烈,逐渐升级。

其实,在齐齐亲生父母离婚前,齐齐的父亲就曾对齐齐有过暴力行为。"齐齐的父亲躺在那玩手机,齐齐在一旁哭,他生气就使劲掐孩子脸蛋,边掐还边说'让你哭个够'。"齐齐的生母回忆说。我国《未成年人保护法》第10条第2款明确规定了禁止对未成年人实施家庭暴力,禁止虐待遗弃未成年人。本案中,齐齐的父亲与母亲的行为已经严重违反了《未成年人保护法》的规定,甚至已构成犯罪。

未成年人保护不仅是一个家庭的问题,同时还是社会问题。我国有未成年人保护法,但目前社会上缺少相关监督父母是否关注孩子健康成长的机构。我国未成年人保护法实施情况以未成年人保护的配套设施还不完善,社会对未成年人的保护措施不够,容易导致孩子遭受侵害。在这起惨剧发生前,如果有相应的监督机构就可以更好地避免孩子再受伤害。然而,在现实中,类似齐齐这样的孩子没有被关注,最终导致惨剧发生。

小学生抬开水被烫伤,学校应否担责赔偿

【案情介绍】原告刘某系被告某小学一年级学生(7岁),平时在校就餐、住校就读。为解决学生就餐时的喝水问题,被告城关小学规定,各班级学生轮流值日,以两人为单位用铁桶为所在班级抬开水。2014年8月22日中午,原告刘某与另外一名同学在抬水回来的途中,不慎被绊倒,刘某前胸及右上臂皮肤被烫伤,经法医鉴定,刘某的伤情构成第十级伤残。刘某受伤后,因被告城关小学在本学期开学时利用学生缴纳的保险费为在校学生投保了学生团体意外伤害险,故刘某从保险公司处获得了5000元的保险赔偿金。2014年10月,原告刘某诉至法院,要求判令被告小学赔偿医疗费、残疾者生活保障金、精神损害抚慰金等共计8600元。

【案例评析】根据《民法总则》第20条规定,不满8周岁的未成年人为无民事行为能力人,由其法定代理人代理实施民事法律行为。依照相关法律的规定,在幼儿园、学校生活、学习的无民事行为能力人或者在精神病院治疗的精神病人,受到伤害或者给他人造成损害,单位有过错的,可以责令这些单位

适当给予赔偿。《未成年人保护法》第 22 条规定:"学校、幼儿园安排未成年人参加集会、文化娱乐、社会实践等集体活动,应当有利于未成年人的健康成长,防止发生人身安全事故。"本案中,某小学及其教师明知刘某等系未满 8 周岁的未成年人,但却安排并默许其从事用水桶抬开水喝这一危险行为,某小学主观上有过错,客观上存在疏于管理、同意未成年人从事不利于身体健康成长的活动的行为和不作为,造成了刘某绊倒被开水烫伤致 10 级伤残的后果,且该损害与其作为及不作为有民法上的因果关系,因此被告小学依法应当对刘某因烫伤造成的损失应当给予赔偿。

第四节　预防未成年人犯罪

一、预防未成年人犯罪概述

（一）未成年犯罪的概念

未成年人犯罪是指未成年人实施的犯罪行为。

我国《刑法》第 17 条规定,已满 16 周岁的人犯罪,应当负刑事责任。已满 14 周岁不满 16 周岁的人,犯故意杀人,故意伤害致人重伤或死亡、强奸、抢劫、贩卖毒品、放火、爆炸、投毒罪的,应当负刑事责任。已满 14 周岁不满 18 周岁的未成年人犯罪,应当从轻或减轻处罚。据此,在我国,未满 14 周岁的未成年人犯罪不承担刑事责任,已满 14 周岁未满 16 周岁的未成年只对八种较为严重的犯罪承担刑事责任。

（二）预防未成年人犯罪的实施

预防未成年人犯罪,立足于教育和保护,从小抓起,对未成年人的不良行为及时进行预防和矫治。

预防未成年人犯罪,在各级人民政府组织领导下,实行综合治理。政府有关部门、司法机关、人民团体、有关社会团体、学校、家庭、城市居民委员会、农村村民委员会等各方面共同参与,各负其责,做好预防未成年人犯罪工作,为未成年人身心健康发展创造良好的社会环境。

（三）各级政府的职责

各级人民政府在预防未成年人犯罪方面的职责是：(1)制定预防未成年人犯罪工作的规划；(2)组织、协调公安、教育、文化、新闻出版、广播电影电视、工商、民政、司法行政等政府有关部门和其他社会组织进行预防未成年人犯罪工作；(3)对本法实施的情况和工作规划的执行情况进行检查；(4)总结、推广预防未成年人犯罪工作的经验，树立、表彰先进典型。

（四）预防未成年人犯罪的基本方针

预防未成年人犯罪，应当结合未成年人不同年龄的生理、心理特点，加强青春期教育、心理矫治和预防犯罪对策的研究。

二、预防未成年人犯罪的教育

预防未成年人犯罪的教育应包括以下几个方面：

(1)对未成年人应当加强思想、道德、法制和爱国主义、集体主义、社会主义教育。对于达到义务教育年龄的未成年人，在进行上述教育的同时，应当进行预防犯罪的教育。预防未成年人犯罪的教育的目的，是增强未成年人的法制观念，使未成年人懂得违法和犯罪行为对个人、家庭、社会造成的危害，违法和犯罪行为应当承担的法律责任，树立遵纪守法和防范违法犯罪的意识。

(2)教育行政部门、学校应当将预防犯罪的教育作为法制教育的内容纳入学校教育教学计划，结合常见多发的未成年人犯罪，对不同年龄的未成年人进行有针对性的预防犯罪教育。

(3)司法行政部门、教育行政部门、共产主义青年团、少年先锋队应当结合实际，组织、举办展览会、报告会、演讲会等多种形式的预防未成年人犯罪的法制宣传活动。学校应当结合实际举办以预防未成年人犯罪的教育为主要内容的活动。教育行政部门应当将预防未成年人犯罪教育的工作效果作为考核学校工作的一项重要内容。学校应当聘任从事法制教育的专职或者兼职教师。学校根据条件可以聘请校外法律辅导员。

(4)未成年人的父母或者其他监护人对未成年人的法制教育负有直接责任。学校在对学生进行预防犯罪教育时，应当将教育计划告知未成年人的父母或者其他监护人，未成年人的父母或者其他监护人应当结合学校的计划，针对具体情况进行教育。

(5)少年宫、青少年活动中心等校外活动场所应当把预防未成年人犯罪的教育作为一项重要的工作内容,开展多种形式的宣传教育活动。对于已满16周岁不满18周岁准备就业的未成年人,职业教育培训机构、用人单位应当将法律知识和预防犯罪教育纳入职业培训的内容。城市居民委员会、农村村民委员会应当积极开展有针对性的预防未成年人犯罪的法制宣传活动。

三、对未成年人不良行为的预防

(一)一般规定

未成年人的父母或者其他监护人和学校应当教育未成年人不得有下列不良行为:(1)旷课、夜不归宿;(2)携带管制刀具;(3)打架斗殴、辱骂他人;(4)强行向他人索要财物;(5)偷窃、故意毁坏财物;(6)参与赌博或者变相赌博;(7)观看、收听色情、淫秽的音像制品、读物等;(8)进入法律、法规规定未成年人不适宜进入的营业性歌舞厅等场所;(9)其他严重违背社会公德的不良行为。

(二)父母及监护人的责任

未成年人的父母或者其他监护人和学校应当教育未成年人不得吸烟、酗酒。任何经营场所不得向未成年人出售烟酒。

中小学生旷课的,学校应当及时与其父母或者其他监护人取得联系。

未成年人擅自外出夜不归宿的,其父母或者其他监护人、其所在的寄宿制学校应当及时查找,或者向公安机关请求帮助。收留夜不归宿的未成年人的,应当征得其父母或者其他监护人的同意,或者在24小时内及时通知其父母或者其他监护人、所在学校或者及时向公安机关报告。

未成年人的父母或者其他监护人和学校发现未成年人组织或者参加实施不良行为的团伙的,应当及时予以制止。发现该团伙有违法犯罪行为的,应当向公安机关报告。未成年人的父母或者其他监护人和学校发现有人教唆、胁迫、引诱未成年人违法犯罪的,应当向公安机关报告。公安机关接到报告后,应当及时依法查处,对未成年人人身安全受到威胁的,应当及时采取有效措施,保护其人身安全。未成年人的父母或者其他监护人,不得让不满16周岁的未成年人脱离监护单独居住。未成年人的父母或者其他监护人对未成年人不得放任不管,不得迫使其离家出走,放弃监护职责。未成年人离家出走的,其父母或者其他监护人应当及时查找,或者向公安机关请求帮助。

未成年人的父母离异的,离异双方对子女都有教育的义务,任何一方都不得因离异而不履行教育子女的义务。继父母、养父母对受其抚养教育的未成年继子女、养子女，应当履行法律规定的父母对未成年子女在预防犯罪方面的职责。

（三）学校的责任

学校对有不良行为的未成年人应当加强教育、管理，不得歧视。教育行政部门、学校应当举办各种形式的讲座、座谈、培训等活动，针对未成年人不同时期的生理、心理特点，介绍良好有效的教育方法，指导教师、未成年人的父母和其他监护人有效地防止、矫治未成年人的不良行为。

对于教唆、胁迫、引诱未成年人实施不良行为或者品行不良，影响恶劣，不适宜在学校工作的教职员工，教育行政部门、学校应当予以解聘或者辞退；构成犯罪的，依法追究刑事责任。

（四）社会的责任

禁止在中小学校附近开办营业性歌舞厅、营业性电子游戏场所以及其他未成年人不适宜进入的场所。禁止开办上述场所的具体范围由省、自治区、直辖市人民政府规定。对《预防未成年人犯罪法》施行前已在中小学校附近开办上述场所的，应当限期迁移或者停业。营业性歌舞厅以及其他未成年人不适宜进入的场所、应当设置明显的未成年人禁止进入标志，不得允许未成年人进入。营业性电子游戏场所在国家法定节假日外，不得允许未成年人进入，并应当设置明显的未成年人禁止进入标志。对于难以判明是否已成年的，上述场所的工作人员可以要求其出示身份证件。

公安机关应当加强中小学校周围环境的治安管理，及时制止、处理中小学校周围发生的违法犯罪行为。城市居民委员会、农村村民委员会应当协助公安机关做好维护中小学校周围治安的工作。公安派出所、城市居民委员会、农村村民委员会应当掌握本辖区内暂住人口中未成年人的就学、就业情况。对于暂住人口中未成年人实施不良行为的，应当督促其父母或者其他监护人进行有效的教育、制止。

任何人不得教唆、胁迫、引诱未成年人实施法律规定的不良行为，或者为未成年人实施不良行为提供条件。以未成年人为对象的出版物，不得含有诱发未成年人违法犯罪的内容，不得含有渲染暴力、色情、赌博、恐怖活动等危害未成年人身心健康的内容。任何单位和个人不得向未成年人出售、出租含有诱发未成年人违法犯罪以及渲染暴力、色情、赌博、恐怖活动等危害未成年人身心健康内容的读物、音像制品或者电子出版物。

任何单位和个人不得利用通讯、计算机网络等方式提供以上规定的危害未成年人身心健康的内容及其信息。广播、电影、电视、戏剧节目,不得有渲染暴力、色情、赌博、恐怖活动等危害未成年人身心健康的内容。广播电影电视行政部门、文化行政部门必须加强对广播、电影、电视、戏剧节目以及各类演播场所的管理。

四、对未成年人严重不良行为的矫治

（一）严重不良行为

"严重不良行为"是指下列严重危害社会,尚不够刑事处罚的违法行为:(1)纠集他人结伙滋事,扰乱治安;(2)携带管制刀具,屡教不改;(3)多次拦截殴打他人或者强行索要他人财物;(4)传播淫秽的读物或者音像制品等;(5)进行淫乱或者色情、卖淫活动;(6)多次偷窃;(7)参与赌博,屡教不改;(8)吸食、注射毒品;(9)其他严重危害社会的行为。

（二）矫治严重不良行为的措施

对未成年人实施严重不良行为的,应当及时予以制止。对有严重不良行为的未成年人,其父母或者其他监护人和学校应当相互配合,采取措施严加管教,也可以送工读学校进行矫治和接受教育。对未成年人送工读学校进行矫治和接受教育,应当由其父母或者其他监护人,或者原所在学校提出申请,经教育行政部门批准。工读学校对就读的未成年人应当严格管理和教育。工读学校除按照义务教育法的要求,在课程设置上与普通学校相同外,应当加强法制教育的内容,针对未成年人严重不良行为产生的原因以及有严重不良行为的未成年人的心理特点,开展矫治工作。

家庭、学校应当关心、爱护在工读学校就读的未成年人,尊重他们的人格尊严,不得体罚、虐待和歧视。工读学校毕业的未成年人在升学、就业等方面,同普通学校毕业的学生享有同等的权利,任何单位和个人不得歧视。未成年人有以上规定严重不良行为,构成违反治安管理行为的,由公安机关依法予以治安处罚。因不满14周岁或者情节特别轻微免予处罚的,可以予以训诫。

未成年人因不满16周岁不予刑事处罚的,责令他的父母或者其他监护人严加管教;在必要的时候,也可以由政府依法收容教养。未成年人在被收容教养期间,执行机关应当保证其继续接受文化知识、法律知识或者职业技术教育;对没有完成义务教育的未成年人,执行机关应当保证其继续接受义务教

育。解除收容教养、劳动教养的未成年人,在复学、升学、就业等方面与其他未成年人享有同等权利,任何单位和个人不得歧视。

五、未成年人对犯罪的自我防范

未成年人应当遵守法律、法规及社会公共道德规范,树立自尊、自律、自强意识,增强辨别是非和自我保护的能力,自觉抵制各种不良行为及违法犯罪行为的引诱和侵害。被父母或者其他监护人遗弃、虐待的未成年人,有权向公安机关、民政部门、共产主义青年团、妇女联合会、未成年人保护组织或者学校、城市居民委员会、农村村民委员会请求保护。被请求的上述部门和组织都应当接受,根据情况需要采取救助措施的,应当先采取救助措施。

未成年人发现任何人对自己或者对其他未成年人实施《预防未成年人犯罪法》规定的不得实施的行为或者犯罪行为,可以通过所在学校、其父母或者其他监护人向公安机关或者政府有关主管部门报告,也可以自己向上述机关报告。受理报告的机关应当及时依法查处。对同犯罪行为作斗争以及举报犯罪行为的未成年人,司法机关、学校、社会应当加强保护,保障其不受打击报复。

六、公安机关在预防未成年人犯罪中的职责

公安机关是负责社会治安的职能部门,在预防未成年人犯罪工作中承担着十分重要的职责。公安机关的职责主要表现在以下几个方面:

(1)严格治安管理,特别是要加强中小学校周边治安环境和文化娱乐业的管理,坚决打击侵害未成年人合法权益和教唆、引诱、胁迫未成年人实施违法犯罪行为等违法犯罪活动,指导群众性的治安防范工作。

(2)依法矫治有严重不良行为和犯罪行为的未成年人。要设置专门机构或专职人员,严格依法办理未成年人犯罪案件,对被收容、羁押或被执行刑罚的未成年人分管分押,以利于教育、感化、挽救未成年人。

(3)接受有关方面的请求,为未成年人的父母或监护人提供帮助,为被遗弃、虐待、人身安全受到威胁、流浪等遭遇的未成年人提供保护。根据预防未成年人犯罪法的规定,未成年人擅自外出夜不归宿的、离家出走的、被教唆、胁迫、引诱违法犯罪的,其父母或者其他监护人都可以向公安机关报告。公安机关接到报告后,应当及时依法查处;对未成年人人身安全受到威胁的,应当及

时采取有效措施,保护其人身安全。被父母或者其他监护人遗弃、虐待的未成年人,也有权向公安机关请求保护。

（4）加强对暂住人口的管理,掌握暂住人口中的未成年人的就学、就业情况,督促未成年人的父母或者其他监护人履行监护责任。对于未成年人实施不良行为的,应当督促其父母或者其他监护人进行有效的教育、制止。未成年人的父母或者其他监护人不履行监护责任,或者让不满16周岁的未成年人脱离监护单独居住的,由公安机关对未成年人的父母或者其他监护人予以训诫,责令其严加管教,或立即改正。

（5）受理未成年人或其他组织、公民关于违法犯罪活动的举报并及时查处。公安机关接到未成年人的父母或是其他监护人和学校关于不良团伙有违法犯罪行为的报告、关于有人教唆、胁迫、引诱未成年人违法犯罪的报告、未成年人或他们的父母、其他监护人、学校关于任何人对自己或者以其他未成年人实施《预防未成年人犯罪法》第三章规定不得实施的行为或其他犯罪行为的报告,应当及时依法查处。接到报告不及时查处,严重不负责任的,要受到行政处分;造成严重后果,构成犯罪的,要受到刑事追究。

（6）做好对有违法犯罪经历的未成年人的监管、帮教工作,减少重新违法犯罪率。对因不满16周岁而不予刑事处罚、免予刑事处罚的未成年人,或者被判处非监禁刑罚、被判处刑罚宣告缓刑、被假释的未成年人,应当采取有效的帮教措施,指导未成年人的父母或者其他监护人、学校、城市居委会、农村村委会共同做好对未成年人的教育、挽救工作。

（7）配合有关行政部门和学校、街道等组织,做好对未成年人的法制宣传教育工作。公安机关的干警可以受聘担任学校的校外法律辅导员,利用自己的优势加强法制宣传教育。在办理未成年人犯罪案件过程中,也应当根据未成年人的生理、心理特点和犯罪的情况,有针对性地进行法制教育。

以案释法

从一起案件谈青少年犯罪案件的预防

【案情介绍】2012 年 12 月 15 日下午,被告人谢某提议绑架某市中学生邱某（女,16 岁）以勒索赎金,得到唐某等人的同意。12 月 17 日上午 7 时许,被告人谢某、付某某、秦某来到邱某家的楼下等候。见邱某从家中出来,秦某以谈事为由,强行将邱拖上出租车,将邱带至付某某家中。当日下午4时许,蔡某给邱某家打电话,先后对邱的父母提出,邱某在其手中,让他们用5万元来赎人。12月18日下午4时许,蔡让其父将赎金装在一个红色塑料袋中,次日的上午10时到剧场的门前等候。下午5时许,邱某被带到某处租赁的房屋中看守。当谢某、郭某、周某在约定的地点准备收取赎金时,被公安干警当场抓获。

【案例评析】法院审理后认为,七被告人以勒索财物为目的,绑架他人,其行为均已构成绑架罪。七被告人关于在主要是利用被害人的年幼无知,以诱骗手段使其脱离监护人的控制,其犯罪情节相对较轻的辩护理由。被告人谢某在本案中,提出犯意,负责指挥,并直接参与全部的犯罪过程,在本案中起主要、决定作用,是本案的主犯;被告人唐某某、蔡某、付某某、郭某、秦某及周某在本案中起次要作用,是从犯,依法应减轻处罚。谢涛在归案后,如实供述自己的犯罪事实,并带领公安人员抓获3名同案犯,具有立功表现,依法可以减轻处罚。

从本案可以看出,预防青少年违法犯罪,需学校、家庭、社会携手合作。一方面是要针对青少年的生理和心理特点,加强对青少年的法制及思想品德的教育,采取多种形式、多种渠道的启发、诱导、鼓励的教育方法,把青少年的思想引导到健康向上的轨道上来;另一方面,还需要全社会共同的努力,创造积极健康的社会环境。这样才能达到较为满意的效果。

中学生打架不满学校处理,杀死同学刺伤老师

【案情介绍】2013年9月27日,某市中学发生血案,一名学生被捅死在学校,一名老师被捅成重伤。日前,李某已被市检察院批准逮捕。本案起因是与人争吵引来一顿拳脚。李某是某中学的学生,案发时不满18周岁。9月23日中午休息时间,李某和同学石某来到游戏厅,某小学学生小玉不慎将李某眼镜碰掉,二人发生争吵。游戏之后,李某返回学校。在途中,受了委屈的小玉领着七八个小孩追上来,要打小翔,小翔就把小玉拽过来打了他一个嘴巴子,后被同学拉开。小玉的父亲知道此事后就领着小玉到李某所在的中学为儿子讨公道,教务处主任告诉他们等放学时在校门口认一认是谁。下午放学时,李某遇到了在校门口等候他的小玉及其父亲等人。双方发生争吵,小玉和父亲

对小翔拳打脚踢。第二天,李某买了一把刀带在身上。找到教务处主任,要为自己讨说法,这时李某心里产生不满情绪,"自己挨打了,还要挨处分,这太不公平了。"遂产生报复心理,最终导致惨案。

【案例评析】检察院调查发现,小翔童年丧母,从小就养成了孤僻的性格。他不但性格内向,而且不善与人交流。在父亲又给其找了继母后,更加重了他的心理扭曲,他对自己的家感到了不适应,致使李某看问题比较偏激。考上高中后,李某对学习不感兴趣,经常出没于网吧、游戏厅。对于家长的教育他总是很不屑,他与父亲的交流障碍更深了,在父亲的眼里他是一个有精神障碍的孩子。《预防未成年人犯罪法》第 24 条作出规定,教育行政部门、学校应当举办各种形式的讲座、座谈、培训等活动,针对未成年人不同时期的生理、心理特点,介绍良好有效的教育方法,指导教师、未成年人的父母和其他监护人有效地防止、矫治未成年人的不良行为。其实在本案中,李某性格缺陷才是导致其犯罪的深层原因。

教育专家也认为,这起血案发生之初其实是完全可以避免的,但是因为家长、学校在处理问题时方法不当,没能及时引导孩子如何行事,这是悲剧的根源。学生的家长以及学校都应该妥善做好孩子心理健康教育,让孩子正确地认识问题,处理问题。

第五节　教师侵犯学生权利的行为

一、侵害学生的受教育权

受教育权是指公民依法享有的要求国家积极提供均等的受教育条件和机会,通过学习来发展其个性、才智和身心能力,以获得平等的生存和发展机会的基本权利。我国《宪法》第 46 条规定:"中华人民共和国公民有受教育的权利和义务。国家培养青年、少年、儿童在品德、智力、体质等方面全面发展。"侵害学生受教育权包括:(1)侵犯学生受教育机会平等的权利。例如,在教育教学中教师无故迫使学习差、难管理的学生退学、转学;剥夺学生在课堂上享有的回答问题的机会等。(2)侵害学生参加考试的权利。例如,教师禁止成绩差的学生参加考试侵犯了学生参加教育教学活动的权利。(3)侵犯学生上课学习的权利。例如,教师将不遵守纪律的学生撵出课堂或赶回家不让其上课的做法侵犯了学生上课学习的权利。(4)侵害学生受教育的选择权。例如,学生的志愿必须由本人填写,教师无权擅自更改学生志愿或限制学生报考志愿。

受教育权是学生的一项基本权利,国家培养青年、少年、儿童在德、智、体等方面全面发展。因此,教师在行使进行教育教学活动、开展教育教学改革和实验以及指导学生的学习和发展的权利时,其出发点是实现和维护教育对象的受教育权。但在实践中,教师往往强调教育目的而忽视了教育手段,造成了侵害学生受教育权利的后果。如教师擅自更改学生的报考志愿;不允许学习差的学生参加考试;不允许上课迟到的学生进教室;随意占用学生的上课时间;指派学生参加一些与教育教学无关的活动,如商业庆典、开幕式等。

二、侵犯学生的生命健康权

公民享有生命健康权。学生的生命健康权受到侵害主要是由教师体罚、变相体罚和不作为侵权行为造成的。体罚,是指直接殴打人身体的某个部位而使受殴打者遭受肉体痛苦并使其人格受到侮辱。变相体罚,是指罚站、罚跪、罚做某种行为等方式来处罚未成年学生和儿童的错误行为。教师负有保护学生的法定义务,如果教师没有积极履行保护职责或阻止有害于学生的行为即构成不作为侵权。具体表现有:(1)对学生身体状况照顾不力。(2)教师对生病或受伤学生救助不力。(3)在履行职责中违反工作要求、操作规程。即教师在教育教学活动中违反了专业规范包括对特定工作岗位工作期间的要求。例如,在特定教育教学活动中未遵循的操作规程。(4)未制止学生的危险性行为。《教师法》第8条规定,教师有义务"制止有害于学生的行为或者其他侵害学生合法权益的行为,批评和抵制有害于学生健康成长的现象"。(5)未及时向学生监护人履行告知义务。例如,教师发现或知道未成年学生擅自离校等与学生人身安全直接相关的信息但未及时告知未成年学生的监护人导致未成年学生因脱离监护人的监护而发生伤害。(6)发现教育教学设施有危险而不采取措施或者不及时报告。

三、侵害学生的人身自由权

人身自由权是权利主体在法律范围内自主支配行动的权力,《宪法》第37条规定:"中华人民共和国公民的人身自由不受侵犯。"公民、法人的合法的民事权益受法律保护,任何组织和个人不得侵犯。长期以来的文化影响使教师在处理师生关系时,把家庭中的父子关系作为参考,所谓"师徒如父子,要求教师对学生严加管束,而学生必须对教师绝对服从。"在古代的社会中,传统上父母实际上都享有惩罚子女的无限权力。教师,同样具有任意处罚学生的无限权力。"因此,在传统观念的影响下,教师往往在无意中就对学生的人身权构成了伤害,表现最严重的是教师任意体罚学生。体罚,是指故意对学生肉体实施惩戒并使其受到伤害的行为,如殴打、罚站、下蹲、超过身体极限跑步等行为。变相体罚,是指采取其他间接手段对学生肉体和精神实施惩戒并使其受到伤害的行为,如"劳动改造"、抄过量作业、讽刺挖苦、谩骂等行为。

四、侵害学生的人格权

我国《教师法》第 8 条规定,教师应关心爱护学生,尊重学生人格。公民、法人享有名誉权,公民的人格尊严受法律保护,禁止用侮辱、诽谤等方式损害公民、法人的名誉。然而在学校教育教学中,教师侵害学生人格权的现象常有出现。形成这种现象的原因主要有以下几点:(1)传统的教育观念如师道尊严观念的影响。从古代传统文化中过于推崇教师权威开始,经过近代私塾对学生所实行的体罚制度,到现在家长、社会赋予教师对学生进行教育的权力,学生在教师面前,人格尊严容易不被尊重也就理所当然。(2)教师的法制意识不强。有不少教师不了解现行的有关教育的法律法规,法律意识淡薄,有时甚至不知道自己的行为侵害了学生的合法权益。(3)这种伤害不易被发现,即使发现了也不会受到很严重的处罚。实际上,对学生人格权的侵害,是一种潜在的伤害,其危害程度对于学生来说,甚至比体罚等身体性伤害更为严重。

五、侵害学生隐私权

隐私权是自然人享有即支配私人信息的权利。《未成年人保护法》第 39 条第 1 款规定:"任何组织或者个人不得披露未成年人的个人隐私。"这项法律条款明确提出了个人的隐私是受法律保护的。由于特定的职业要求,教师往往对学生的了解是全方位的,对于这些信息如果不是出于教学本身的要求或法律的要求,是不应泄露给他人或其他群体的。教师侵害学生的隐私权主要有两种表现:一是私拆学生的信件;二是不正当地公布学生的考试成绩。生活中的每个人都有隐私。在学校,每个学生也毫无例外地有自己的隐私。教师由于工作的特点决定他们应该全面了解学生的个人情况,其中包括学生的隐私。但广大教师应该了解关于隐私的法律规定,并明确知道如何对待学生的隐私。教师不能采取非法手段获取隐私(如私拆学生信件),也不能随便散布学生隐私,以免对学生造成伤害。早在 1994 年 11 月 10 日教育部发布的《关于全面贯彻教育方针减轻中小学生过重课业负担的意见》中就明确指出:"学校教师不得按学生考分高低排列名次,张榜公布。"而且在我国已经发生了数起由于公布学生的成绩而引发的法律纠纷,法院判决的结果是由学校向原告赔礼道歉。

六、法律责任

教师侵权归责要件有四个方面:一是侵权行为的主体,即行为人,是依法享有教育教学权的教师;二是侵权行为发生在课堂教学或其他与教育教学有关的活动中;三是行为人有过错,其行为侵犯了教育法律规定的受教育者的权利,违反了教育法律规定的教育者的义务;四是教育教学行为侵犯了受教育者的合法权益并有损害后果。教师侵权应承担的法律责任主要有三种方式,即行政法律责任、民事法律责任和刑事法律责任。

(一)民事法律责任

民事法律责任是指民事法律关系中的义务主体违反法律规定或者合同的约定的民事义务,侵害民事主体的民事权利而依法应承担的法律后果。在教育教学过程中,学校、教师如果没有按规定履行自己的义务,侵害了学生的民事权利,依照民法的有关规定,应承担"赔礼道歉、停止侵害、赔偿损失"等民事法律责任。《教育法》第 83 条规定:"违反本法规定,侵犯教师、受教育者、学校或者其他教育机构的合法权益,造成损失、损害的,应当依法承担民事责任。"

(二)行政法律责任

行政法律责任是指行政法律关系主体由于违反行政法律规范或不履行行政法律义务而依法应承担的行政法律后果。其性质属于轻微违法失职或违反职务纪律。追究行政责任的形式是给予行政制裁,如通报批评、赔礼道歉、恢复原状、停止违法行为、行政赔偿等。《未成年人保护法》第 63 条第 2 款规定:"学校、幼儿园、托儿所的教职员对未成年人实施体罚、变相体罚或者其他侮辱人格行为的,情节严重的,由其所在单位或上级机关责令改正,情节严重的,依法给予处分。"

（三）刑事法律责任

刑事法律责任是实施刑事法律禁止的行为所必须承担的法律后果。刑法制定的目的在于惩罚犯罪，保护人民。通过追究、惩罚犯罪行为人，修复被犯罪分子的犯罪行为所侵害的社会关系，从而为受害者伸张正义。我国刑法明文规定，侵犯公民人身权利、民事权利的，根据情节轻重，将追究不同的刑事责任。《未成年人保护法》第60条规定："违反本法的规定，侵害未成年人的合法权益，其他法律、法规已规定行政处罚的，从其规定，造成人身财产损失或者其他损害的，依法承担民事责任；构成犯罪的，依法追究刑事责任。"教师侵害学生的人格和名誉权，权利人或其法定代理人有权要求行为人停止侵害、恢复名誉、赔礼道歉或赔偿损失；凡以侮辱、诽谤等方式侵犯学生人格、名誉，情节严重构成犯罪的，要按照《刑法》有关规定追究行为人的刑事责任。

以案释法

学生受教师体罚致人身损害赔偿纠纷案

【案情介绍】原告张某原系被告学校初中生，第三人苗某曾任原告所在班级体育教师。苗某在任教期间，曾因原告违反课堂纪律对其进行过两次体罚（用脚踢及橡皮筋崩脸）。2009年4月15日上午上体育课时，原告私自到其他年级军训场地玩耍，苗某追过去用手拽住张某的红领巾推搡，并打其一拳。张某当时感到胸部发闷，中午回家后全身抽搐。经送当地市卫校附属医院诊断，被确诊为植物神经功能紊乱。此后，原告父亲多次要求学校处理未果，遂向当地区人民法院提起诉讼。

【案例评析】市师范附属小学作为事业单位法人，其民事行为能力主要通过两种途径实施，其一，学校的重要民事活动由校长作为法定代表人，以学校的名义进行；其二，教师按学校安排从事日常的教学活动，学校从事教学活动的法人行为分解成教师直接开展教学活动的职务行为。苗某为维护教学管理秩序对学生进行体罚，学校应当对教师的职务行为承担民事责任。

侵权损害赔偿责任包括损害事实、违法行为、主观过错和因果关系四个构成要件。本案从损害事实看，苗某在行使职务过程中的体罚行为导致了张某的人身伤害；从违法行为看，教师的体罚行为违反了《教师法》第37条的规定，即体罚学生,经教育不改的,由所在学校、其他教育机构或教育行政部门给予行政处分或解聘;情节严重,构成犯罪的,依法追究刑事责任。《义务教育法》第29条第2款规定,教师应当尊重学生的人格,不得歧视学生,不得对学生实施体罚、变相体罚或者其他侮辱人格尊严的行为,不得侵犯学生合法权益。从主观过错看,教师体罚学生存在主观上的故意,也体现了主管学校对教师监督管理的疏忽和懈怠;从因果关系看,学生受到人身损害是由于教师在执行职务过程中造成的,其最终原因是学校未对学生尽到保护责任。综上所述,学校由于教师的体罚行为而与学生之间形成了侵权损害,学生可以对学校提出人身损害赔偿诉讼,学校作为侵权方,理应以被告身份参与诉讼。

9岁学生上课讲话被老师用胶带封住嘴巴

【案情介绍】2011年12月19日下午,某小学三(1)班学生在学校的音乐教室里上音乐课。音乐老师丁某弹钢琴时,坐在下面的王同学一直在说话。丁老师开始"警告"王同学:在课堂上不要讲话了,如果再讲话,就用胶带纸把嘴巴封起来。但9岁的王同学没有听老师的话,又开始自言自语。这回,丁老师火了,立刻站起来,走到王同学跟前,掏出一段封箱胶带纸贴在了他的嘴上。在场所有的学生一下子哄堂大笑,而此刻的王同学却大哭起来,但丁老师见状,没有理会,继续上课。就这样,王同学被封住嘴巴上完了大半截音乐课,在同学们的笑声中一路哭回了教室。

【案例评析】本案是一起由教师体罚学生造成的侵犯学生权益案,教师丁某违反了《教育法》《义务教育法》《教师法》《未成年人保护法》的有关规定,侵犯了学生的受教育权和人身权。《教育法》中规定,受教育者有权"参加教育教学计划安排的各种活动,使用教育教学设施、设备、图书资料"。《义务教育法》中规定,"教师应当尊重学生的人格,不得歧视学生,不得对学生实施体罚、变相体罚或者其他侮辱人格尊严的行为,不得侵犯学生合法权益"。《教师法》中规定,教师应当履行下列义务:"(一)遵守宪法、法律和职业道德,为人师表……(四)关心、爱护全体学生,尊重学生人格,促进学生在品德、智力、体质等方面全面发展。"《未成年人保护法》中规定:"学校、幼儿园、托儿所的教职员应当尊重未成年人的人格尊严,不得对未成年人实施体罚、变相体罚或者其他侮辱人格尊严的行为。"由此可知,尽管学生王某上课说话,未能很好地履行学生的义务方面,但作为教师应当依法采取积极的教育措施,而不应采取法律所禁止的行为侵害学生的权益。丁老师将学生嘴巴封住,限制了学生上音乐课的自由,使学生无法参加正常的教育教学活动,这种做法不仅是体罚学生、侮辱学生人格、侵犯学生人身权的行为,同时也是侵犯学生受教育权的行为。其违反了上述法律的有关规定。同时,《教师法》中规定:"教师凡有下列情形之一的,由所在学校、其他教育机构或者教育行政部门给予行政处分或者解聘:(一)故意不完成教育教学任务给教育教学工作造成损失的;(二)体罚学生,经教育不改的;(三)品行不良,侮辱学生,影响恶劣的。教师有前款第(二)项、第(三)项所列情形之一,情节严重,构成犯罪的,依法追究刑事责任。"由此可知,丁老师应为此承担相应的行政责任,应向学生赔礼道歉,并杜绝此类行为再次发生。学校及教育行政部门对于丁老师用胶带封学生嘴巴这样严重侵害学生合法权利的做法应当坚决制止,并可根据丁老师的态度予以相应的行政处理。

思考题

1.学生的权利包括哪些?

2.学生伤害事故的构成要件有哪些?

3.学生伤害事故的预防措施有哪些?

4.侵犯学生生命健康权的表现有哪些?

法律链接　　权威解读　　专家观点　　本章自测

第八章　教育法律救济知识

第一节　教育法律救济概述

一、概念

教育法律救济,是指教育行政相对人的合法权益受到侵害并造成损害时,通过裁决纠纷纠正、制止或矫正侵权行为,使受害者的权利得以恢复、利益得到补救的法律制度。

二、特征

行政救济行为是行政法上的一项重要的法律制度,包含着极其丰富的内容。而教育行政救济的内容决定了教育行政救济具有如下几个特征:

（一）补救性

教育行政救济由教育行政相对人提起,由有行政救济权的国家机关依法对教育行政主体的行政行为进行审查,实现对教育行政相对人损失的补救。教育行政救济主管机关的审查和补救行为是在相对人提起补救申请之后发生的。这种补救是责令责任主体通过不作为停止侵害或通过作为弥补其所造成的损失来实现的。教育行政救济的根本作用在于保护教育关系主体特别是教师、学生及学校在教育活动中的合法权益,这种保护作用是通过对合法权益确受损害者的补救来实现的。

（二）争议性

教育行政救济具有争议性。教育行政救济是国家有权机关依法处理和裁决教育行政争议的过程。教育行政争议,也称为教育行政纠纷,是教育行政相对人认为行政主体的行政行为违法或不当而侵害其合法权益,不服行政行为所形成的法律争议。有权国家机关处理与裁决教育行政争议,成为教育行政救济制度的核心内容。然而,教育行政救济过程中是以行政主体的行政行为是否合法与适当为主。另一方面,教育行政争议的解决是对行政主体行为的责任有无及大小的认定,如果行政主体给教育行政相对人造成了实际损害,则其对自己的违法或不当行为,必须负相应的行政责任。这时的救济就转化为对行政责任的不同承担方式,如教育行政机关宣告不当行为无效、撤销和变更、停止侵害、返还权益等。因而,教育行政救济的整个过程,体现了行政争议的解决过程。

（三）程序性

教育行政救济具有程序性。由于教育行政救济所要撤销或变更的行为涉及的是管理者与被管理者的争执关系,因此法律往往对行政救济都规定了极为严格的程序法。我国《行政诉讼法》和《行政复议法》的制定实施正表明了教育行政救济的程序性,而且和行政行为相比,行政救济的程序意义更为严格。通常非经法定程序提起,有关机关不主动受理救济案件,行政救济不会自动发生;非经法定程序审理,不得认定行政主体之行为违法或不当,并进而承担行政责任。法律对行政救济的规范和调整,多是根据行政救济活动不是一次性活动,而是一系列活动过程的特点,从程序上加以规范,使行政救济成为依次连贯进行的法定的程序性活动。我国目前施行的《行政复议法》《行政诉讼法》以及一些教育法律、法规也都对教育行政救济的程序作出了明确规定。

三、行政机关及其工作人员的教育侵权

以行政机关为违法主体的侵权行为大致可划分为两大类:一类是行政机关越权或滥用职权侵犯相对人合法权益的违法;另一类是行政机关工作人员滥用职权、触犯法律的违法。以行政机关为违法主体的违法行为主要包括:

（一）教育经费核拨、使用不当

各级财政预算内拨款是教育经费来源的主要渠道,它对各级教育事业的发展起着举足轻重的作用,因而不按预算核拨教育经费必须承担相应的法律责任。在这里的违法行为,首先表现为:(1)不按预算核拨教育经费。所谓不按预算核拨教育经费是指,不按审查和批准的本级人民政府的预算内容,向教育行政部门或其他教育机构核拨预算内容所要求的教育经费的情形。不按预算核拨教育经费的方式包括擅自调整、更改教育预算支出,不足额核拨教育经

费,拒绝或拖延核拨教育经费。(2)挪用、克扣教育经费。所谓挪用、克扣教育经费是指有关人员违反国家对财政预算内或预算外但仍具有财政性质的教育经费的核拨、征收、上缴划分、留解使用等方面的财政管理制度,违反国家有关收支、核算、监督等方面的财务管理制度,利用工作或职务上的便利,将教育经费全部或部分收归个人或集体所有。在这里所谓的预算外但仍具有财政性质的教育经费,主要包括社会对教育的投入,如社会集资、群众捐资、人民教育基金会捐赠、学生缴纳的学杂费等。本违法行为的主体,不仅包括行政部门的有关人员,同时,学校或其他教育机构、有关的企事业单位等社会组织中,凡是有权管理教育经费的人员,都有可能成为挪用、克扣教育经费的违法主体。《教育法》第71条第2款规定:"违反国家财政制度、财务制度,挪用、克扣教育经费的,由上级机关责令限期归还被挪用、克扣的经费,并对直接负责的主管人员和其他直接责任人员,依法给予行政处分;构成犯罪的,依法追究刑事责任。"此外,《义务教育法》《教师法》都对此作了相应的规定,指出对侵占、克扣教育经费的要由主管部门对直接责任人员给予相应的行政处分,直至追究其刑事责任。

(二)拖欠教师工资

拖欠教师工资是指有关部门或其他教育机构不按时发放教师的工资。教师工资是教师生活的基本来源,同时也是教师能够安心本职工作的基本保证。拖欠教师工资的现象严重影响了教师教学的积极性,使教育教学质量无法得到保障,对教育事业的发展危害很大。所以必须设法杜绝这种违法现象的存在。《教师法》第38条对此种行为的法律责任作了规定:"地方人民政府对违反本法规定,拖欠教师工资或者侵犯教师其他合法权益的,应当责令其限期改正。违反国家财政制度、财务制度,挪用国家财政用于教育的经费,严重妨碍教育教学工作,拖欠教师工资,损害教师合法权益的,由上级机关责令限期归还被挪用的经费,并对直接责任人员给予行政处分;情节严重,构成犯罪的,依法追究刑事责任。"

(三)乱收费、乱摊派、乱罚款

我国《教育法》第74条规定,违反国家有关规定,向学校或者其他教育机构收取费用的,由政府责令退还所收费用;对直接负责的主管人员和其他直接责任人员,依法给予处分。另外,《教师法》第38条还规定,违反国家财政制度、财务制度,挪用国家财政用于教育的经费,严重妨碍教育教学工作,拖欠教师工资,损害教师合法权益的,由上级机关责令限期归还被挪用的经费,并对直接责任人员给予行政处分;情节严重,构成犯罪的,依法追究刑事责任。这里的乱收费、乱摊派、乱罚款(简称"三乱")是指一些地区的有关部门或有关个人,在国家法律法规和有关收费管理规定之外,无依据或违反有关收费标准、范围、用途或程序的要求,向教师、学校或其他教育机构乱收费用。"三乱"行为还表现为有关部门的集资以及政府有关职能部门(如工商、税务、卫生等行政机关)对学校的检查管理过程中的乱收费。这些"三乱"的违法行为,违背了自愿、受益、适度,资金定向使用和学校办学自主权等原则,侵犯了学校或其他教育机构和教师的权益。

(四)在考试管理和招生工作中徇私舞弊

在国家考试和招生工作中徇私舞弊,是指有关的主管人员、直接从事和参与学校及其他教育机构考试管理和招生工作的人员,违反有关规定和要求,利用职务之便,在考试、招生或与其相关的工作中,通过串通作弊、掩盖真相、以假乱真等行为。《教育法》第77条规定,在招收学生工作中徇私舞弊的,由教育行政部门责令退回招收的人员;对直接负责的主管人员和其他直接责任人员,依法给予行政处分;构成犯罪的,依法追究刑事责任。

(五)忽视教育教学设施安全

这方面的违法行为主要表现为学校及其他教育机构的教育教学设施,因维修、改造等资金不能及时拨付,发生危房垮塌,导致师生伤亡的事故。对于负有责任的组织机构或相关责任人员,如果明知校舍和教育设施有危险而不采取措施,或在校舍建设、维修中收受贿赂,导致工程质量事故,造成人员伤亡或重大财产损失的行为将承担相应的刑事责任。

(六)其他违法行为

以行政机关及其工作人员为违法主体的违法行为除以上列举的情形外,尚有许多其他的内容。如对依法提出申诉、控告、检举的教师进行打击报复,以及其他侵犯学校、教师、学生或其他教育机构和人员的合法权益的行为等。这里所谓的侵犯教师、学生和学校的合法权益,主要包括以下方面:(1)侵犯教师、受教育者的生命健康权和人格权,包括姓名权、肖像权、名誉权和荣誉权;(2)侵犯学校或者其他教育机构的名称权、名誉权、荣誉权;(3)侵占学校或者其他教育机构的校舍、场地或者损害学校或者其他教育机构、教师、受教育者的财产所有权；(4)侵犯教师、受教育者、学校或者其他教育机构的著作权、专利权、商标专用权、发现权、发明权和其他科技成果权。

四、教育法律救济的基本手段

受教育权保护的基本救济手段包括教育申诉制度、教育复议制度、教育行政诉讼制度以及其他社会救济手段。

(一)教育申诉

申诉是公民维护个人合法权益的重要手段，申诉权是我国宪法确认的公民的基本权利。《宪法》第41条规定，中华人民共和国公民对于任何国家机关和国家工作人员，有提出批评和建议的权利；对于任何国家机关和国家工作人员的违法失职行为，有向有关国家机关提出申诉、控告或者检举的权利，但是不得捏造或者歪曲事实进行诬告陷害。对于公民的申诉、控告或者检举，有关国家机关必须查清事实，负责处理。任何人不得压制和打击报复。由于国家机关和国家工作人员侵犯公民权利而受到损失的人，有依照法律规定取得赔偿的权利。

教育申诉制度是指作为教育法律关系主体的公民，在其合法权益受到侵害时，向国家机关申诉理由，请求处理的制度。也就是各级各类学校的教师和学生对学校、其他教育机构或政府有关部门作出的影响其利益的处理决定不服，或在其合法权益遭受侵害时，依法行使申诉权，向法定的国家机关声明不服、申诉理由、请求复查或重新处理的一项法律制度。其特点有：(1)它由教师申诉制度和学生申诉制度组成；(2)它是一项正式的法律救济制度；(3)它是一项专门性的申诉制度；(4)它是一项非诉讼意义上的行政申诉制度。例如，我国《教师法》第39条规定，教师对学校或者其他教育机构侵犯其合法权益的，或者对学校或者其他教育机构作出的处理不服的，可以向教育行政部门提出申诉，教育行政部门应当在接到申诉的30日内，作出处理。教师认为当地人民政府有关行政部门侵犯其根据本法规定享有的权利的，可以向同级人民政府或者上一级人民政府有关部门提出申诉，同级人民政府或者上一级人民政府有关部门应当作出处理。

(二)教育行政复议

行政复议，是指行政管理相对人认为行政机关做出的行政行为侵犯其合法权益，向做出该行为的上一级行政机关或原行政机关提出申诉、请求给予补救,由受理的行政机关根据相对人的申请对发生争议的行政行为进行复查,判明其是否合法、适当和责任的归属,并决定是否给予相对人以救济的法律制度。而教育行政复议是指受教育权人认为具有教育管理职能的机关、组织及其工作人员做出的行政行为侵犯其合法权益,依法向做出该行为的上一级行政机关或法律、法规规定的机关提出复议申请,并由受理机关依法进行审查并做出复议决定的法律制度。

(三)教育行政诉讼

对公民受教育权而言,权利的平等保护不仅要求立法机关制定法律时为权利设计平等的保护,同时也要求法院为权利平等地提供救济。司法救济是保障公民受教育权得以实现的重要手段和最终途径。教育行政诉讼不仅是司法介入受教育权救济的具体手段,而且也是解决教育行政纠纷中最重要、最权威的一个环节。

以案释法

某大学不予发放毕业证合理吗

【案情介绍】 2011 年 9 月,原告田某考入被告某大学下属的应用科学学院物理化学系,取得本科生学籍。2013 年 2 月 28 日,田某在参加考试过程中,随身携带纸条被监考教师发现。监考教师虽未发现田某有偷看纸条的行为,但还是按照考场纪律,当即停止了田某的考试。该大学于同年 3 月认定田某的行为是考试作弊,决定对田某按退学处理,4 月 10 日填发了学籍变动通知。但是没有直接向田某宣布处分决定和送达变更学籍通知,也未给田某办理退学手续。田某继续在该校以在校大学生的身份参加正常学习及学校组织的活动。

2013 年 3 月,原告田某的学生证丢失,未进行 2012 至 2013 学年第二学期的注册。同年 9 月,被告为田某补办了学生证。其后,每学年均收取田某交纳的教育费,并为田某进行注册、发放大学生补助津贴,还安排田某参加了大学生毕业实习设计,并由论文指导教师领取了学校发放的毕业设计结业费。田某还以该校大学生的名义参加考试,先后取得了大学英语四级、计算机应用水平测试 BASIC 语言成绩合格证书。田某在该校学习的 4 年中,成绩全部合格,通过了毕业实习、设计及论文答辩,获得优秀毕业论文及毕业总成绩全班第九名。

但临近毕业时,被告大学的有关部门以原告田某不具有学籍为由,拒绝为其颁发毕业证,进而也未向教育行政部门呈报毕业派遣资格表。

【案例评析】根据法律规定,某些事业单位、社会团体,虽然不具有行政机关的资格,但是法律赋予它行使一定的行政管理职权。这些单位、团体与管理相对人之间不存在平等的民事关系,而是特殊的行政管理关系。他们之间因管理行为而发生的争议,不是民事诉讼,而是行政诉讼。《教育法》第22条规定,国家实行学业证书制度;经国家批准设立或者认可的学校及其他教育机构按照国家有关规定,颁发学历证书或者其他学业证书。第23条规定,国家实行学位制度;学位授予单位依法对达到一定学术水平或者专业技术水平的人员授予相应的学位,颁发学位证书。《学位条例》第8条规定,学士学位,由国务院授权的高等学校授予。本案被告是从事高等教育事业的法人,原告田某诉请其颁发毕业证、学位证,正是由于其代表国家行使对受教育者颁发学业证书、学位证书的行政权力时引起的行政争议,可以适用行政诉讼法予以解决。

原告田某经考试合格,由被告该大学录取后,即享有该校的学籍,取得了在该校学习的资格,同时也应当接受该校的管理。教育者在对受教育者实施管理中,虽然有相应的教育自主权,但不得违背国家法律、法规和规章的规定。田某在补考时虽然携带写有与考试有关内容的纸条,但是《普通高等学校学生管理规定》第16条规定,学生严重违反考核纪律或者作弊的,该课程考核成绩记为无效,并由学校视其违纪或者作弊情节,给予批评教育和相应的纪律处分。给予警告、严重警告、记过及留校察看处分的,经教育表现较好,在毕业前对该课程可以给予补考或者重修机会。《普通高等学校学生管理规定》第54条的规定,由他人代替考试、替他人参加考试、组织作弊、使用通讯设备作弊及其他作弊行为严重的,学校可以给予开除学籍处分。本案中,田某并未达到规定中的严重情形,该大学这一处理决定有明显不合理之处。

学校依照国家的授权,有权制定校规、校纪,并有权对在校学生进行教学管理和违纪处理,但是制定的校规、校纪和据此进行的教学管理和违纪处理,必须符合法律、法规和规章的规定,必须保护当事人的合法权益。该大学对田某按退学处理,有违法律、法规和规章的规定,是无效的。

第二节　教育申诉制度

一、概念

申诉,通常是指公民在其合法权益受到损害时,向国家机关申诉理由,请求处理或重新处理。教育申诉作为解决教育行政争议的途径,是教育管理相对人认为自己的合法权益受到侵害时,依法向主管的行政机关申诉理由,请求处理的制度。

二、特征

我国的教育申诉制度具有如下特征:(1)提出教育申诉的主体是特定的,即教育申诉中的申诉人只能是认为自己的合法权益受到侵害的人。(2)受理教育申诉的主体,应当是享有国家行政权力、能以自己的名义从事行政管理工作,并能独立承担由此所产生的法律责任的组织。(3)教育申诉的范围主要是《教师法》和《教育法》所规定的教育主体依法享有的各项权利。(4)从对教育申诉的处理看,教育主管部门、人民政府或有关行政主管部门对教育申诉的处理活动,是行使其行政职权的行为,并且其处理结果能够直接对申诉人和被申诉人产生法律后果,符合行政行为的要求。因此,教育申诉制度是一项行政管理制度,也是一项特定的法律救济制度。

三、教师申诉制度

(一)概念及特征

1. 概念

教师申诉制度,指教师在其合法权益受到侵害时,依法向主管的行政机关申诉理由,请求处理的制度。

2. 特征

教师申诉制度具有以下三大特征:(1)教师申诉制度是法定的申诉制度。(2)教师申诉制度是专门性的权利救济制度。(3)教师申诉制度是一种非诉讼意义上的行政申诉制度。

（二）申诉参加人

教师申诉制度中的申诉参加人是指参加教师申诉和处理活动的申诉人、被申诉人和受理机关等。

申诉人是认为其权益受到侵害有权依据教师法提出申请的教师本人。

被申诉人是指教师认为侵害其合法权益的学校或其他教育机构以及当地人民政府有关行政部门。如果是两个或两个以上的行政机关、学校、其他教育机构以共同名义作出的行政行为或处理决定，那么共同作出行政行为或处理决定的行政机关、学校、其他教育机构为共同被申诉人。

受理机关是指根据法律规定有权受理教师申诉的有关行政部门。

（三）教师申诉的范围

教师申诉的范围是指教师在哪些情况下可以提起申诉。我国《教师法》对此作了明确规定：(1)教师认为学校或者其他教育机构侵犯其合法权益的可以提出申诉。(2)教师对学校或者其他教育机构作出的处理不服的可以提出申诉。至于学校或者其他教育机构的处理决定是否侵犯了教师的合法权益，需要通过申诉后的查办，予以确认。(3)教师认为当地人民政府有关行政部门侵犯其根据《教师法》规定享有的权利的，可以提出申诉。

（四）教师申诉的管辖

(1)隶属管辖。其是指教师提出申诉时应当向该学校或者其他教育机构隶属的教育行政部门提出。教师以其所在学校或教育机构为被申诉人的，依照《教师法》的相关规定，教师对学校"侵犯其合法权益的"或者对学校"作出的处理不服的"，可以向教育行政部门提出申诉。

(2)地域管辖。其是指没有直接隶属关系的学校或者其他教育机构中的教师提出申诉时可以按照教育行政部门的管理权限，向当地主管的教育行政部门提出。《教师法若干问题的实施意见》第8条"关于教师申诉"的第一项明确规定："教师对学校或者其他教育机构提出的申诉由其所在区域的主管教育行政部门受理。省、市、县教育行政部门或者主管部门应当确定相应的职能机构或者专门人员，依法办理教师申诉案件。"由以上规定可以看出，教师对所在单位提出申诉的管辖以隶属管辖和地域管辖为主。

(3)选择管辖。其是指在面临两个或两个以上有管辖权的行政机关时，教师可以本着及时便利、业务对口等原则从中选择一个提出。在教师申诉中还有一类是以当地人民政府有关行政部门为被申诉人的。对于这一类教师申诉的管辖，依照《教师法》第39条第2款的规定，应当由"同级人民政府或者上一级人民政府有关部门"负责作出处理。这一规定意味着教师如果认为当地人民政府有关行政部门侵犯其根据《教师法》的规定所享有的权利时，可以在两个有管辖权的行政机关之间选择一个提起申诉，应当受理申诉的行政机关不得拖延推倭。对当地人民政府有关部门的申诉，申诉人可以在同级人民政府或者上一级人民政府的有关部门之间选择受理的机关。在这种情况下，申诉人一般应本着及时、便利和业务比较对口的原则选择受理机关。

（4）指定管辖。其是指因管辖权发生争议的，可以由涉及管辖的行政机关所属同级人民政府或者共同的上一级主管机关指定。行政机关对不属于其管辖范围的申诉案件，应当移送有管辖权的行政机关办理，同时告知申诉人。因申诉管辖发生争议的，由涉及管辖的行政机关协商确定，也可由它们所属的同一级人民政府或者共同的上一级主管机关指定。这又为教师申诉制度确定了移送管辖、协议管辖和指定管辖。

（五）教师申诉的程序

教师申诉的程序有：（1）申诉的提出。教师提出申诉必须符合下列条件：①符合法定申诉范围。②有明确的理由和请求。③以法定形式提出。（2）申诉的受理。（3）申诉的处理。受理机关对于受理的申诉案件，在进行调查研究，全面核查的基础上应区别不同情况分别作出如下处理决定：①学校或者其他教育机构的管理行为符合法定权限和程序，适用法律法规正确，事实清楚，则维持原处理结果。②管理行为有形式上和程序上不足的可以责成被申诉人改正。③被申诉人不履行法律、法规职责的可责令其限期改正。④管理行为的一部分适用法律、法规错误，处理不当或越权的，可以变更原处理结果。⑤管理行为违反法律法规，越权或滥用职权，处理明显不当的，可以撤销原处理决定或责成被申诉人重新处理。⑥学校或者其他教育机构的管理行为所依据的内部规章制度与法律法规及其他规范性文件相抵触的可以决定撤销其内部管理规定或者责成学校或者其他教育机构对其内部管理规定进行修改。

四、学生申诉制度

(一)概念及特征

1.概念

学生申诉制度也称受教育者申诉制度,是指受教育者在其合法权益受到侵害时,依法向主管的行政机关申诉理由,请求处理的制度。

2.特征

学生申诉制度具有以下特征:(1)在法律规定方面,学生申诉制度是受法律保护的法定申诉;(2)在申诉目的方面,学生申诉制度是具有特定性的权利救济制度;(3)在性质方面,学生申诉制度是一种非诉讼意义上的申诉制度。

(二)学生申诉的范围

学生申诉包括以下范围:(1)对学校给予的处分不服的,这里的处分包括学籍、校规、考试等方面的处分;(2)对学校或教师侵犯其人身权的,例如学生对学校因管理不当侵犯其名誉权的行为,就有权提出申诉;(3)对学校或教师侵犯其财产权的,例如学生对学校违反规定向其乱收费的行为、有权提出申诉;(4)对学校或教师侵犯其知识产权的,例如学生对学校或教师侵犯自己的著作权、发明权或者科技成果权的行为,有权提出申诉。

(三)学生申诉制度的参加人

学生申诉制度的参加人有:

(1)申诉人。学生申诉制度的申诉人,主要包括其合法权益受到侵害的学生本人及其监护人。

(2)被申诉人。学生申诉制度中的被申诉人一般包括学生所在的学校或者其他教育机构、教师及学校工作人员。

(3) 受理机关。主要指有关的教育行政部门。

(四)学生申诉的程序

学生申诉的程序包括:(1)申诉的提出。学生应以书面形式提出申诉申请。申请书应写明以下事项,申请人的姓名、性别、年龄、住址及被申请人的名称、地址,申诉理由和事实根据及相应证明,提出申请的日期。学生申诉应有明确的理由和请求,并应提出有关的法律、法规依据。(2)受理。(3)处理。受理机构应通过审查、调查、直接听取双方当事人意见和理由等方式在规定的时间内作出处理决定。

以案释法

大学生因考试作弊受学校处分案

【案情介绍】某大学学生严某考试时在试卷下面放有写着公式的纸条,被监考老师发现并予没收。后学校认为严某考试作弊,情节恶劣,于是对其做出勒令退学的处分决定。严某对学校的处分决定不服,向校方提出申诉,但校方至今未给予任何书面答复。

【案例评析】本案是一起学校侵犯学生受教育权案。学校应承担相应的行政法律责任。首先,《普通高等学校学生管理规定》中明确规定,学生严重违反考核纪律或者作弊的,该课程考核成绩记为无效,并由学校视其违纪或者作弊情节,给予批评教育和相应的纪律处分。本案中,严某因违反了考试纪律,学校应根据其违纪程度给予其相应的纪律处分。其次,《宪法》第46条中明确规定:"中华人民共和国公民有受教育的权利和义务。"据此,学校对严某的纪律处分应当适宜,而不应随意剥夺严某作为公民的受教育权,不得随意开除严某。再次,《教育法》第43条中也规定:"受教育者享有下列权利:……(四)对学校给予的处分不服向有关部门提起申诉,对学校、教师侵犯其人身权、财产权等合法权益,提出申诉或者依法提起诉讼。"为此,严某向学校提出申诉的行为是合法的,学校应及时受理学生的申诉。

第三节　教育复议制度

一、教育行政复议的概念及特征

（一）概念

教育行政复议是指教育管理相对人认为教育行政机关作出的行政行为侵犯其合法权益,依法向作出该行为的上一级教育行政机关或法律、法规规定的其他行政机关提出申诉,受理行政机关对该行政行为进行复查并作出裁决的活动和制度。

（二）教育行政复议的特征

教育行政复议的特征有：(1)教育行政机关的行政行为的存在和争议是教育行政复议的前提。(2)教育行政复议是以相对人提出复议申请开始的。(3)教育行政复议机关对于相对人所不服的行政行为必须进行审查，并作出裁决。

二、教育行政复议的申请范围与管辖

（一）教育行政复议的申请范围

教育行政管理相对人在下列情况下，可以提起教育行政复议：(1)对教育行政处罚不服的。(2)对侵犯其合法经营自主权的。(3)认为行政机关不作为违法的。(4)对违法设定义务不服的。(5)对行政机关作出的决定不服的。(6)认为行政机关的其他行政行为侵犯其合法权益的。

（二）教育行政复议的管辖

教育行政复议的管辖，是指不同的教育行政机关之间，受理行政复议案件的分工和权限，即某一行政争议发生后，应由哪一个行政机关来行使行政复议权。主要有以下几种情况：

(1)一般管辖。行政复议的一般管辖是指在通常情况下不服行政机关行政行为的行政复议适用的管辖称之为一般管辖。

(2)特殊管辖。行政复议的特殊管辖是指除一般管辖之外的适用于特殊案件的管辖。主要包括三种情况：一是，需要由上级批准的行政行为的复议管辖，由最终批准的行政机关管辖。二是，对法律、法规和规章授权的组织和行政机关委托的组织作出的行政行为引起的行政复议案件的管辖，由直接主管该组织的行政机关管辖。对受委托的组织作出的行政行为不服申请的复议，由委托的行政机关的上一级行政机关管辖。三是，对被撤销的行政机关在其被撤销前作出的行政行为不服而引起争议的复议管辖，由继续行使其职权的行政机关的上一级行政机关管辖。

(3)移送管辖。移送管辖是指行政复议机关对已经受理的行政复议案件，经审查发现自己对该案件没有管辖权时，将案件移送到有管辖权的复议机关管理的制度。

(4)转送管辖。转送管辖指接受属于特殊管辖的行政复议案件的县级地方人民政府，对不属于自己受理范围的行政复议申请，应当在收到该复议申请之日起7日内转送有关复议机关，并告知申请人。这可以避免由于特殊管辖的复杂性而影响申请复议。同时也加重了行政复议机关转送复议案件的责任。

(5)指定管辖。指定管辖是指对某一行政复议案件,上级主管部门或本级人民政府指定某一行政复议案件,上级主管部门或一级人民政府指定某一行政机关管辖。这种指定管辖往往是因为管辖权发生争议,且协商不成的,只能由它们的共同的上一级行政机关指定管辖。

三、教育行政复议的程序

一般说来,教育行政复议的程序由以下几个环节组成。

(一)申请

教育行政复议申请可以以书面形式提出,也可以口头申请。以书面形式申请时,申请人应递交申请书。申请书应载明以下内容:(1)申请人的姓名、性别、年龄、职业、地址等(法人或其他组织的名称、地址、法定代表人的姓名)。(2)被申请人的名称、地址。(3)申请复议的要求和理由。(4)提出复议申请的日期。

(二)受理

复议机关在收到复议申请后,应当在5日内对申请人的资格和申请复议的条件认真加以审查,并对复议申请分别作出如下处理:(1)复议申请符合申请条件的,应予以受理。(2)复议申请不符合申请条件的,不予受理并书面告知申请人。(3)对符合法律规定,但是不属于本机关受理的行政复议申请,应当告知申请人向有关行政复议机关提出。

(三)审理

行政复议原则上实行书面复议制度,但申请人提出要求或者复议机关认为必要时,可以向有关组织和人员调查情况,听取申请人、被申请人和第三人的意见。复议机关应当在受理之日起7日内将复议申请书副本或复议申请笔录复印件发送被申请人。被申请人在接到复议申请书或者复议申请笔录复印件之日起10日内,提出书面答复并向复议机关提交作出行政行为的证据、依据和其他有关材料。

(四)决定

行政复议机关应当自受理申请之日起60日内作出行政复议决定,但法律另有规定的除外。以上行政复议决定包括:(1)行政行为认定事实清楚,证据确凿,适用依据正确,程序合法,内容适当的决定维持。(2)被申请人不履行法定职责的,责令其在一定期限内履行。(3)行政行为有下列情形之一的,决定撤销、变更或者确认该行政行为违法;决定撤销或者确认该行政行为违法的,可以责令被申请人在一定期限内重新作出行政行为:①主要事实不清、证据不足的。②适用依据错误的。③违反法定程序的。④超越或者滥用职权的。⑤行政行为明显不当的。(4)被申请人不按照《行政复议法》的有关规定提出书面答复、提交当初作出行政行为的证据、依据和其他有关材料的视为该行政行为没有证据、依据决定撤销该行政行为。(5)行政复议机关责令被申请人重新作出行政行为的,被申请人不得以同一的事实和理由作出与原行政行为相同或者基本相同的行政行为。

（五）执行

复议决定作出后,应当制作行政复议决定书,并加盖复议机关印章。复议决定书一经送达即发生法律效力。除法律规定终局的复议外,申请人对复议决定不服的,可以依法向人民法院提起行政诉讼。申请人逾期不起诉又不履行行政复议决定的,或者不履行最终裁决的行政复议决定的,按照下列规定分别处理:(1)维持行政行为的行政复议决定,由作出行政行为的行政机关依法强制执行,或者申请人民法院强制执行;(2)变更行政行为的行政复议决定,由行政复议机关依法强制执行,或者申请人民法院强制执行。被申请人应当履行行政复议决定。被申请人不履行或者无正当理由拖延履行行政复议决定的,行政复议机关或者有关上级行政机关应当责令其限期履行。

第四节　教育行政诉讼

一、概念与特征

（一）概念

教育行政诉讼,是指教育行政管理相对人认为教育行政机关或教育法律、法规授权的组织的行政行为侵犯其合法权益,依法向人民法院起诉,请求给予法律补救;人民法院对教育行政机关或教育法律、法规授权的组织的行政行为的合法性进行审查,维护和监督行政职权的依法行使,矫正或撤销违法侵权的行政行为,给予相对人的合法权益以保护的法律救济活动。

（二）教育行政诉讼的特征

教育行政诉讼作为教育行政法律救济手段，具有如下特征：

（1）主管机关恒定。教育行政诉讼的主管机关只能是人民法院，而不属于其他机关。

（2）诉讼专属。教育行政诉讼只能由教育行政管理相对人，如教师、学生或学校提起，不能由教育行政机关提起，教育行政相对人在所有的教育行政诉讼中都是原告，而将教育行政机关恒定为被告。同时根据《行政诉讼法》的规定，教育行政机关只有上诉权，没有反诉权。

（3）标的确定。教育行政诉讼的标的是教育法律规定的具体教育行政行为。对于教育行政机关实施的制定教育行政法规、规章的教育行政立法行为或者教育行政机关制定、发布具有普遍约束力的决定、命令等行为，根据现行《行政诉讼法》的规定，不能进行行政诉讼。

（4）被告举证。在教育行政诉讼中，作为被告的教育行政机关或教育法律法规授权的组织负有举证责任。《中华人民共和国行政诉讼法》（以下简称《行政诉讼法》）第34条规定："被告对作出的行政行为负有举证责任，应当提供作出该行政行为的证据和所依据的规范性文件。"因此，行政诉讼中被告举证的原则，是以确保相对人的合法权益为目的，体现了对相对人合法权益所提供的行政诉讼救济特殊保障功能。

（5）不得调解。人民法院在审理教育行政诉讼案件时，不得采取调解作为结案方式。这是由教育行政机关享有的公共权力和国家权力所决定的。教育行政机关无权任意处分或放弃国家赋予的法定职责。但是，行政赔偿可以调解。

二、教育行政诉讼的受案范围

行政诉讼的范围是指人民法院受理行政案件、裁决的范围，即人民法院对行政行为进行司法审查，对行政机关依法行使行政权进行司法审查，对行政机关依法行使行政权进行司法监督的范围。对行政管理相对人来说，行政诉讼的范围也就是其对行政行为不服向法院提起诉讼，请求法院保护其合法权益和提供救济的范围。对行政机关来说，行政诉讼的范围就是其行政行为接受司法审查，接受相对人通过诉讼途径的监督和接受司法监督的范围。根据《行政诉讼法》第12条的规定，行政诉讼的受案范围表现在以下几方面：（1）对行政拘留、暂扣或者吊销许可证和执照、责令停产停业、没收违法所得、没收非法财物、罚款、警告等行政处罚不服的;(2)对限制人身自由或者对财产的查封、扣押、冻结等行政强制措施和行政强制执行不服的;(3)申请行政许可,行政机关拒绝或者在法定期限内不予答复,或者对行政机关作出的有关行政许可的其他决定不服的;(4)对行政机关作出的关于确认土地、矿藏、水流、森林、山岭、草原、荒地、滩涂、海域等自然资源的所有权或者使用权的决定不服的;(5)对征收、征用决定及其补偿决定不服的;(6)申请行政机关履行保护人身权、财产权等合法权益的法定职责,行政机关拒绝履行或者不予答复的;(7)认为行政机关侵犯其经营自主权或者农村土地承包经营权、农村土地经营权的;(8)认为行政机关滥用行政权力排除或者限制竞争的;(9)认为行政机关违法集资、摊派费用或者违法要求履行其他义务的;(10)认为行政机关没有依法支付抚恤金、最低生活保障待遇或者社会保险待遇的;(11)认为行政机关不依法履行、未按照约定履行或者违法变更、解除政府特许经营协议、土地房屋征收补偿协议等协议的;(12)认为行政机关侵犯其他人身权、财产权等合法权益的。除以上规定外,人民法院受理法律、法规规定可以提起诉讼的其他行政案件。

另外,根据《行政诉讼法》第13条的规定,人民法院不受理公民、法人或者其他组织对下列事项提起的诉讼:(1)国防、外交等国家行为;(2)行政法规、规章或者行政机关制定、发布的具有普遍约束力的决定、命令;(3)行政机关对行政机关工作人员的奖惩、任免等决定;(4)法律规定由行政机关最终裁决的行政行为。

三、教育行政诉讼的起诉期限与起诉条件

(一)教育行政诉讼的起诉期限

根据《行政诉讼法》的规定,公民、法人或者其他组织不服复议决定的,可以在收到复议决定书之日起15日内向人民法院提起诉讼。复议机关逾期不作决定的,申请人可以在复议期满之日起15日内向人民法院提起诉讼。法律另有规定的除外。公民、法人或者其他组织直接向人民法院提起诉讼的,应当自知道或者应当知道作出行政行为之日起6个月内提出。法律另有规定的除外。因不动产提起诉讼的案件自行政行为作出之日起超过20年,其他案件自行政行为作出之日起超过5年提起诉讼的,人民法院不予受理。公民、法人或者其他组织因不可抗力或者其他不属于自身的原因耽误起诉期限的,被耽误的时间不计算在起诉期限内。公民、法人或者其他组织因前款规定以外的其

他特殊情况耽误起诉期限的,在障碍消除后 10 日内,可以申请延长期限,是否准许由人民法院决定。

(二)教育行政诉讼的起诉条件

根据《行政诉讼法》第 49 条的规定,提起诉讼应当符合下列条件:(1)原告是符合本法第 25 条规定的公民、法人或者其他组织;(2)有明确的被告;(3)有具体的诉讼请求和事实根据;(4)属于人民法院受案范围和受诉人民法院管辖。以上《行政诉讼法》第 25 条规定的公民、法人或者其他组织是指行政行为的相对人以及其他与行政行为有利害关系的公民、法人或者其他组织,有权提起诉讼。有权提起诉讼的公民死亡,其近亲属可以提起诉讼。有权提起诉讼的法人或者其他组织终止,承受其权利的法人或者其他组织可以提起诉讼。

第五节 教育行政赔偿

一、概念及特征

(一)概念

教育行政赔偿是指教育行政机关及其工作人员在执行职务过程中,侵犯了公民、法人或其他组织的合法权益并造成损害,依照法律规定,由法定赔偿责任主体承担损害赔偿责任的制度。

(二)特征

教育行政赔偿的特征有:(1)教育行政赔偿由教育行政机关及工作人员的行政侵权行为而引起;(2)教育行政赔偿是针对教育行政侵权行为给管理相对人造成的损害给予的赔偿;(3)教育行政赔偿主体是国家。

二、教育行政赔偿责任的构成要件

教育行政赔偿责任的构成,须具备下列要件:

(一)有损害事实的存在

损害是指教育行政机关及其工作人员的行为侵犯了相对人的财产权、人身权等合法权益并给受害人带来的实际损害。

（二）有职务行为主体

实施行政侵权行为的人,必须是在行使行政职权的过程中,侵犯了公民、法人或其他组织合法权益的行政机关及行政执法人员。具体包括:(1)行政机关、法律法规授权的组织及其行政执法人员;(2)受行政机关委托执行行政职务的管理机构及其人员;(3)自愿协助行政事务的人员。

（三）损害事实是由职务违法行为造成的

职务的违法行为是指在行使国家职权过程中发生的违反国家法律法规的行为。这里所讲的违法性,是指行政行为主要证据不足,适用法律、法规错误,违反法定程序,超越、滥用职权以及职务行为主体拒不履行法定职责等。

（四）损害事实与职务违法行为有因果关系

因果关系是责任主体对损害承担责任的基础。这里的因果关系指的是直接因果关系,即行为与结果之间存在着逻辑上的直接的关系。

三、教育行政赔偿的范围

我国教育行政赔偿的范围主要包括以下几个方面。

（一）侵犯人身权的行政赔偿范围

(1)违法拘留或者违法采取限制公民人身自由的行政强制措施的。如限制人身自由的行政强制措施的作出,存在事实不清,适用法律法规错误,违反法律程序等,均属于违法行政强制措施。

(2)非法拘禁或者以其他方法非法剥夺公民人身自由的。此类行为是指行政机关及其工作人员在执行职务过程中,超越权限或者不具有行使行政拘留或限制人身自由行政强制措施权,或者虽具有上述权力,但尚未作出上述决定的情况下,非法剥夺公民人身自由的行为。主要表现为:非法拘禁、非法扣留、绑架、强制禁闭等。

(3)以殴打等暴力行为或者唆使他人以殴打等暴力行为造成公民身体伤害或者死亡的。此类行为是行政机关工作人员在行使职权时实施或者唆使他人实施的违法行为。

(4)违法使用武器、警械造成公民身体伤害与死亡的。此类行为是指行政机关及其工作人员在行使职权时违反国家关于武器、警械的使用规定,非法使用造成他人伤亡的行为。

(5)造成公民身体伤害或者死亡的其他违法行为。此类行为是指行政机关及其工作人员在执行职务时实施的除上述几种违法行为以外的违法行为而致他人伤亡的情形。

（二）侵犯财产权的行政赔偿范围

（1）违法实施罚款、吊销许可证和执照、责令停产停业、没收财物等行政处罚的。如果行政处罚行为违法并造成教育行政相对人财产权受到侵犯的，受害人有权取得赔偿。

（2）违法对财产采取查封、扣押、冻结等行政强制措施的。我国法律对于实施限制财产的强制措施的条件与程序有着严格而又明确的规定，行政机关必须依法实施。如果违反有关规定致使教育行政相对人财产权受到损害的，受害人有权请求国家赔偿。

（3）违反国家规定征收财物、摊派费用的行为。此类行为是指行政机关在没有法律依据的情况下凭借职权，要求教育行政相对人履行出钱、出物等义务。对于这种"乱收费"、"乱摊派"行为，教育行政相对人有权予以拒绝，如果金钱或财物已被行政机关强制收走，受害人有权取得赔偿。

（4）违法侵犯财产权造成损害的其他行为。此类行为是指行政机关及其工作人员在执行职务中实施的除上述行为以外的其他违法行为而致教育行政相对人财产权受到侵害的情形。

以上是《国家赔偿法》规定的行政赔偿的全部范围，教育行政赔偿也包括其内。同时，请求具体的教育行政赔偿，还应适用其中有关规定。

四、教育行政赔偿的程序

我国的教育行政赔偿程序由非诉讼程序与诉讼程序两个部分组成。单独提出行政赔偿的，赔偿请求人首先向行政赔偿义务机关提出赔偿要求，先由行政赔偿义务机关通过行政程序予以解决。这里赔偿请求人是指依照《国家赔偿法》的规定，有权要求国家赔偿的受害人。赔偿义务机关是指代表国家具体承担赔偿义务的行政机关及有关机构。在教育行政赔偿义务机关不予处理申请人的赔偿请求的情况下，或者行政赔偿请求人对赔偿数额有异议，行政赔偿请求人可以向人民法院提出诉讼，请求予以裁决。赔偿请求人也可以在行政复议、行政诉讼中一并提出行政赔偿。

（一）教育行政赔偿申请的提出

教育行政赔偿请求人向教育行政机关请求赔偿，应当递交"行政赔偿申请书",以及有关的证据材料。申请书应当载明下列内容:(1)受害人的姓名、性别、年龄、工作单位和住所,法人或者其他组织的名称、住所和法定代表人或者主要负责人的姓名、职务。(2)具体的要求、事实根据和理由。(3)赔偿义务机关。(4)申请的年、月、日。赔偿请求人书写困难的,可以委托他人代书,也可以口头申请,由赔偿义务机关记入笔录。

(二)教育行政赔偿申请的处理

教育行政赔偿义务机关收到请求赔偿的申请后,应予以审查。审查的内容主要包括:是否符合行政赔偿的要件;申请书的内容和形式是否符合要求;申请人所要求的赔偿之损害是否确系职务行为主体的违法行为所造成;申请人的赔偿请求是否属于《国家赔偿法》所规定的赔偿范围。经过审查,对于符合受理条件的,应作出决定予以受理。对于不符合受理条件的,则不予受理,但应知申请人不予受理的原因。

思考题

1. 教育行政救济有哪些特征?

2. 教师申诉制度具有哪些特征?

3. 教师申诉的范围包括哪些?

4. 教育行政复议的范围包括哪些?

5. 教育行政赔偿的构成要件有哪些?

法律链接

权威解读

专家观点

本章自测

第九章　教师常用法律知识

第一节　民事法律知识

一、民法概述

（一）民法的概念

民法是调整平等主体的自然人、法人和非法人组织之间的人身关系和财产关系的法律规范的总称。民法调整的人身关系的内容主要包括人格权和身份权；民法调整的财产关系的内容主要包括物权、债权和知识产权。

（二）民法的基本原则

民法的基本原则有：（1）平等原则；（2）自愿原则；（3）公平原则；（4）诚信原则；（5）守法原则；（6）绿色原则。

二、民事法律关系

民事法律关系，是指由民法调整的具有民事权利、义务内容的社会关系，即具体的民事权利和义务关系。它由民事法律关系的主体、内容和客体三要素构成。

（一）民事法律关系的主体

民事法律关系的主体，是指参加民事法律关系，享有民事权利和承担民事义务的人，通常称为民事法律关系的当事人。

在我国，自然人、法人以及非法人组织可以作为民事法律关系的主体，国家在一定范围内也是民事主体。

1.自然人

自然人，是指在自然状态下出生、基于自然规律而生存的人，这是一个法律概念，是法律关系中最基本的单元。公民是特殊的自然人，指具有一国国籍的自然人。具有中华人民共和国国籍的自然人是我国的公民。在我国境内的非我国公民也受民法的调整。

2.法人

法人是具有民事权利能力和民事行为能力,以自己名义依法独立享有民事权利和承担民事义务的组织。

法人的成立应当具备以下条件:(1)依法成立;(2)有必要的财产或者经费;(3)有自己的名称、组织机构和场所;(4)能够独立承担民事责任。

（二）民事法律关系的客体

民事法律关系的客体,是指民事法律关系主体权利与义务所指向的客观事务,主要包括四类:物、行为、智力成果和人身利益。

（三）民事法律关系的内容

民事法律关系的内容,是指民事法律关系的主体所享有的民事权利和负有的民事义务。不同的民事法律关系有不同的内容。

三、民事法律行为

（一）民事法律行为概念

民事法律行为,是指民事主体通过意思表示设立、变更、终止民事权利义务的行为,是以意思表示为要素,而依意思表示的内容发生法律效果的民事合法行为。

（二）民事法律行为的成立条件

民事法律行为的成立条件,是指决定民事法律行为成立的必要条件,如不具备,便是无效的民事行为,不发生行为人预期的法律后果。

它可分为实质要件和形式要件:(1)实质要件。民事法律行为应当具备下列条件:①行为人具有相应的民事行为能力;②意思表示真实;③不违反法律、行政法规的强制性规定,不违背公序良俗。(2)形式要件。民事法律行为可以采用的形式有:①口头形式;②书面形式;③其他形式。

四、代理

（一）代理的概念

代理,是指代理人依据代理权,以被代理人的名义与第三人实施民事法律行为,而被代理人承受相应的法律后果的行为。

（二）代理的种类

代理包括有：(1)委托代理。委托代理人按照被代理人的委托行使代理权。(2)法定代理。法定代理人依照法律的规定行使代理权。

五、物权

（一）物权的概述

1. 物权的概念

物权是权利主体在法律规定的范围内，直接支配其物，并排除他人干涉的民事权利。

2. 物权的特征

物权的特征包括：(1)物权是一种对世权；(2)物权的客体是特定的独立的物，而不是行为或精神财富；(3)物权的内容是对物的直接管理和支配；(4)物权具有独立性和排他性；(5)物权具有追及权和优先权。

3. 物权的内容

物权包括所有权、担保物权和用益物权，所有权是最全面最完整的完全物权，具有包括占有、使用、收益、处分在内的无限追及权能，是物权制度的核心。其他物权都是所有权根据权能不同的衍生和附属。

（二）财产所有权

1. 财产所有权的概念

财产所有权是指所有人依法对自己的财产享有占有、使用、收益和处分的权利。

2. 财产所有权的特征

财产所有权的特征：(1)财产所有权是一种最完全的物权权利；(2)它是一种绝对权；(3)它具有强烈的独占性、排他性；(4)其客体总是特定的物体和财产，而不是智力成果和行为。

六、债权

（一）债的概念

债，是指按照合同的约定或者依照法律的规定，在当事人之间产生的特定的权利和义务关系。享有权利的人是债权人，其享有的权利是债权；负有义务的人是债务人,其负担的义务是债务。

（二）债的履行

1.债的履行的概念

债的履行,是指债务人按照合同约定或依照法律的规定,全面地、适当地履行债所规定的义务,使债权人的权利得到完全的实现。

2.债的履行原则

债的履行原则包括:(1)实际履行原则;(2)适当履行;(3)协作履行;(4)经济合理原则;(5)情势变更原则。

3.债的担保

债的担保,是指促使债务人履行其债务,保障债权人的债权得以实现的法律措施。

债的担保种类有:(1)人的担保,其形式主要有保证人担保;(2)物的担保,其方式主要有抵押权、质权、留置权;(3)金钱担保,主要方式有定金、押金。

4.债的消灭

债的消灭,是指债的关系在客观上不复存在。

债消灭的方式主要有:(1)清偿;(2)抵销;(3)提存;(4)免除;(5)混同。

七、合同

（一）合同的概念和特征

1.合同的概念

《合同法》所称合同是平等主体的自然人、法人、其他组织之间设立、变更、终止民事权利义务关系的协议。婚姻、收养、监护等有关身份关系的协议,不适用《合同法》而是适用其他法律规定。

2.合同的法律特征

合同的法律特征有:(1)它是当事人之间在自愿基础上达成的协议,是双方或多方的民事法律行为;(2)合同当事人的法律地位平等;(3)它是当事人之间以设立、变更、终止特定民事权利义务关系为目的的法律行为;(4)它所确立的是债权债务关系;(5)其所确定的内容是符合法律的。

（二）合同的订立

合同订立的一般程序,从法律上分为要约和承诺两个步骤。

1.要约

要约,是指当事人一方向对方发出希望与对方订立合同的意思表示。

要约的要件,除了必须具备意思表示的一般要件外,和有其特定的构成要件:(1)要约是由特定人作出的意思表示,要约人必须是订立合同一方的当事人;(2)要约必须具有订立合同的意图;(3)要约必须向要约人希望与之订立合同的受要约人发出;(4)要约的内容必须具体、确定。

2.承诺

承诺,指受要约人在有效的时间内同意要约的意思表示,承诺的内容应当与要约的内容一致。受要约人过期作出表示或对要约的内容作出实质性变更的,为新要约。

(三)合同的内容

合同的内容由当事人约定,一般包括以下条款:(1)合同当事人的名称或姓名和住所;(2)标的;(3)数量;(4)质量;(5)价款或酬金;(6)履行期限、地点和方式;(7)违约责任;(8)解决争议的方法。

(四)合同的效力

合同的效力,是指法律赋予依法成立的合同具有约束当事人各方乃至第三人的强制力。

1.合同无效的情形

有下列情形的,合同无效:(1)一方以欺诈、胁迫的手段订立合同,损害国家利益;(2)恶意串通,损害国家、集体或者不特定第三人利益;(3)以合法形式掩盖非法目的;(4)损害社会公共利益;(5)违反法律、行政法规的强制性规定。

2.合同可变更或可撤销的情形

合同可变更或可撤销的情形有:(1)因重大误解订立的;(2)在订立合同时显失公平的;(3)一方以欺诈、胁迫的手段或者乘人之危,使对方在违背真实意思的情况下订立的。

3.合同效力待定的情形

合同效力待定的情形有:(1)限制民事行为能力人依法不能独立订立的合同;(2)无权代理人以他人名义订立的合同;(3)无权处分人订立处分他人财产的合同。效力待定的合同经追认权人追认后,自始有效,否则,自始无效。

八、公司法

(一)公司的概念

公司是指依法设立以盈利为目的,从事商业经营活动的社团法人,又称企业法人。根据我国法律规定,公司主要形式为有限责任公司和股份有限公司。

有限责任公司的股东以其认缴的出资额为限对公司承担责任;股份有限公司的股东以其认购的股份为限对公司承担责任。

(二)公司的登记

公司登记是指公司在设立、变更、终止时,依法在公司注册登记机关由申请人提出申请,主管机关审查无误后予以核准并记载法定登记事项的行为。我国的公司登记机关是国家工商行政管理局和地方各级工商行政管理局。无论是设立、变更、注销公司登记,均应在同一登记机关进行登记。

公司的登记事项包括:(1)公司名称;(2)公司住所;(3)法定代表人姓名;(4)注册资本;(5)公司类型;(6)经营范围;(7)营业期限,营业期限是指公司存续的有效时间,指股东或发起人在章程上载明了营业期限;(8)有限责任公司股东或者股份有限公司发起人的姓名或者名称。

(三)设立登记后的权利

公司经设立登记,将依法取得三项权利:法人资格;从事经营活动的合法身份;公司名称专用权。

九、知识产权

(一)知识产权概述

1.知识产权的概念

知识产权是法律赋予人们对创造性智力成果享有的专有的权利,亦称智力成果权。

2.知识产权的法律特征

知识产权的法律特征:(1)知识产权的客体是不具有物质形态的智力成果。(2)专有性,及知识产权的权利主体依法享有独占使用智力成果的权利,他人不得侵犯。(3)地域性,即知识产权只在产生的特定国家或地区的地域范围内有效,不具有域外效力。(4)时间性,即依法产生的知识产权一般只在法律规定的期限内有效。

3.知识产权的范围

知识产权的范围主要包括著作权和邻接权、专利权、商标权、商业秘密权、植物新品种权、集成电路布图设计权、商号权等。

（二）著作权

1.著作权的概念

著作权，是指作者对其创作的文学、艺术和科学作品依法享有的人身权和财产权等民事权利。我国《著作权法》中，著作权同版权系同义语，包括著作人身权和著作财产权。

2.著作权的保护期限

（1）著作人身权中的署名权、修改权和保护作品完整权的保护期不受限制，但发表权的保护有时间限制。（2）公民的作品，其发表权和使用权的保护期分别为作者终生及其死后50年，截至于作者死之后第50年的12月31日。

（三）专利权

所谓专利权，是指专利权人对其发明、实用新型和外观设计依法享有的专有的权利。在我国，发明专利权的期限为20年，实用新型和外观设计的专利权期限为10年。

（四）商标权

商标，俗称商品的牌子，是生产经营者在其商品或者服务上使用的，由文字、图形或其组合构成的，具有显著特征，便于识别商品或服务来源的专用标记。商标权的内容有以下几个方面：专用权、许可权、转让权、续展权、标示权、禁止权。在我国，商标权的取得需遵循自愿注册原则和先申请原则。注册商标的有效期有10年，自核准注册之日起计算。期限届满，可以续展注册。

十、人身权

（一）人身权的概念

人身权是指民事主体依法享有的与其人身不可分离的、没有直接财产内容的民事权利。

（二）人身权的分类

根据人身权客体的不同，可以将人身权分为人格权和身份权两大类。人格权，是指民事主体具有法律尚的独立资格必须具有的民事权利，公民、法人都有人格权,具体包括:(1)生命权;(2)身体权;(3)健康权;(4)姓名权和名称权;(5)名誉权;(6)肖像权;(7)隐私权。身份权是指民事主体因具有某种特定身份而依法享有的民事权利,主要包括:(1)亲权;(2)配偶权;(3)亲属权;(4)荣誉权。

十一、继承权

（一）继承权的概念

财产继承权,是指公民依法承受死者个人所遗留的合法财产的权利。

（二）我国遗产继承的方式

继承的方式有四种:法定继承;遗嘱继承;遗赠和遗赠扶养协议。

（三）法定继承的顺序

法定继承的顺序包括:第一顺序:配偶、子女、父母。第二顺序:兄弟姐妹、祖父母、外祖父母。继承开始后,由第一顺序继承人继承,第二顺序继承人不继承。没有第一顺序继承人继承的,由第二顺序继承人继承。继承法所说的子女,包括婚生子女、非婚生子女、养子女和有扶养关系的继子女。父母,包括生父母、养父母和有扶养关系的继父母。兄弟姐妹,包括同父母的兄弟姐妹、同父异母或者同母异父的兄弟姐妹、养兄弟姐妹、有扶养关系的继兄弟姐妹。

（四）代位继承和转继承

代位继承是指被继承人的子女先于被继承人死亡,被继承人的子女的晚辈直系血亲可以代替被继承人的子女继承其应继承的遗产。转继承实质上是继承遗产权利的转移,是指继承人在继承开始后实际接受遗产前死亡,该继承人的合法继承人代其实际接受其有权继承的遗产的制度。

以案释法

无过错第三人的利益应受法律保护

【案情介绍】张某与王某是好朋友,王某买了一套商品房,在办理房产证期间因紧急公务出国,于是委托张某全权代为办理房权证。张某利欲熏心将王某的房屋登记在自己的名下,并以极高的价格将房屋转让给李某。李某因信赖张某所提出的房屋权属证明,而与张某订立了房屋买卖合同。

【案例评析】本案中的房屋交易属于不动产交易,不动产的公示方式为登记。张某将王某的房屋登记在自己的名下,并将该房屋转让给李某,李某因信赖张某所提出的房屋权属证明,而与张某订立了房屋买卖合同,并办理了房屋过户登记手续,尽管张某不是真正的权利人,但法律上仍然承认该项交易所导致的所有权转移的效果,张某与李某的该项房屋交易是有效的。这就是利用公示、公信原则来保护无过错的第三人的利益并维护交易安全。如果此情况下确认该交易无效,则表明登记不具有公信力,这种结果会导致任何人与他人进行交易时,难以相信通过登记所表现出来的权利,交易的安全也难以保证,不利于正常的交易秩序。王某若要维护自己的利益,可以收集自己是房屋真正的权利人的证据,如购房合同、向房屋开发商付款的证明等,并可以起诉张某返还卖房所得及赔偿损失。如果能够证明登记机构有错误,还可以要求登记机关承担赔偿责任。

第二节 刑事法律知识

一、刑法概述

(一)刑法的概念

刑法是规定犯罪、刑事责任和刑罚的法律规范的总和。刑法有狭义和广义之分。狭义刑法是指系统规定犯罪、刑事责任和刑罚的刑法典,也就是指《中华人民共和国刑法》。广义刑法是指规定犯罪、刑事责任和刑罚的所有法律规范的总和,它主要包括刑法典、单行刑法和附属刑法规范。

(二)刑法的基本原则

刑法的基本原则有:(1)罪行法定原则。法律明文规定为犯罪行为的,依照法律定罪处刑;法律没有明文规定为犯罪行为的,不得定罪处刑;(2)罪行相适应原则。刑罚的轻重,应当与犯罪分子所犯罪行和承担的刑事责任相适应;(3)法律面前人人平等。对任何人犯罪,在适用法律上一律平等。不允许任何人有超越法律的特权。

(三)刑法的管辖权

刑法的管辖权包括:(1)属地管辖权。凡在中华人民共和国领域内犯罪的,凡在中华人民共和国船舶或者航空器内犯罪的,除法律有特别规定的以外,都适用《刑法》。(2)属人管辖权。中国公民在中华人民共和国领域外犯《刑法》规定之罪的,按《刑法》规定的最高刑为3年以下有期徒刑的,可以不追究刑事责任;但中华人民共和国国家工作人员和军人在中华人民共和国领域外犯本法规定之罪的,一律追究刑事责任。(3)保护管辖权。外国人在中华人民共和国领域外对中华人民共和国国家或者公民犯罪,而按本法规定的最低刑为3年以上有期徒刑的,可以适用本法,但是按照犯罪地的法律不受处罚的除外。(4)普遍管辖权。对于中华人民共和国缔结或者参加的国际条约所规定的罪行,中华人民共和国在所承担条约义务的范围内行使刑事管辖权的,适用《刑法》。

二、犯罪

(一)犯罪的概念及特征

犯罪是严重危害社会、违反刑法并应受刑罚处罚的行为。犯罪具有三个基本特征:(1)犯罪是严重危害社会的行为,即具有一定的社会危害性;(2)犯罪是违反刑法的行为,即具有刑事违法性;(3)犯罪是应当受到刑罚处罚的行为,即具有应受刑罚处罚性。

(二)犯罪构成

犯罪构成是指我国刑法规定的犯罪行为所应当具备的一切客观和主观要件的总和。犯罪构成包括犯罪客体、犯罪的客观方面、犯罪主体和犯罪的主观方面等四个要素。

1. 犯罪主体

犯罪的主体指实施了危害社会的行为,依法应负刑事责任的人。它包括作为犯罪主体的自然人和作为犯罪主体的单位。年龄与承担刑事责任的关系:(1)我国刑法规定,公民完全承担刑事责任年龄为16周岁以上,相对负刑事责任年龄为已满14周岁不满16周岁,完全不负刑事责任年龄为不满14周岁。(2)已满14周岁不满16周岁的公民,犯以下各罪应承担刑事责任:故意杀人、故意伤害致人重伤或死亡、强奸、抢劫、贩卖毒品、放火、爆炸、投毒。

2. 犯罪客体

犯罪客体指刑法所保护的而为犯罪行为所侵犯的社会关系或利益。

3.犯罪的主观方面

犯罪主观方面是指犯罪主体对自己实施的危害社会行为及其危害社会的后果所持的故意或者过失的心理态度。它包括犯罪的故意、犯罪的过失以及犯罪的目的和动机。

4.犯罪的客观方面

犯罪的客观方面是指犯罪行为及其危害结果的客观外在表现。它包括三个基本要件：危害行为；危害结果；危害行为和危害结果之间的因果关系。

三、正当防卫和紧急避险

（一）正当防卫

1.概念

正当防卫是指为了使国家、公共利益、本人或者他人的人身、财产和其他权利免受正在进行的不法侵害，而对不法侵害者所实施的没有明显超过必要限度并且未造成重大损害的防卫行为。正当防卫是法律赋予公民的一项权利，不仅不构成犯罪，而且受到法律的保护。

2.构成条件

正当防卫必须具备以下条件：(1)必须是对不法侵害行为才能实施正当防卫；(2)不法侵害行为必须是正在进行的；(3)防卫行为必须是为了使国家、公共利益、本人或者他人的人身、财产和其他权利免受不法侵害而实施的；(4)防卫行为必须针对不法侵害者本人实施，而不能针对第三人；(5)防卫行为不能明显超过必要限度，但对正在进行行凶、杀人、抢劫、强奸、绑架以及其他严重危及人身安全的暴力犯罪，采取防卫造成不法侵害人死亡的，不属于防卫过当。

（二）紧急避险

1.概念

紧急避险指为了使国家、公共利益，本人或者他人的人身、财产和其他权利免受正在发生的危险，不得已而采取的损害另一较小合法权益的行为。

2.构成条件

紧急避险必须具备以下条件：(1)必须是为了避免国家、公共利益、本人或者他人的人身、财产和其他权利遇到危险而采取的；(2)必须使正在发生危险的情况下采取的;(3)必须使在不得已的情况下采取的。如果能采取其他方法避免危险,就不能实施紧急避险行为;(4)紧急避险行为不能超过必要限度。

四、犯罪的停止形态

(一)犯罪预备

为了犯罪准备工具,制造条件,是犯罪预备。犯罪预备也是犯罪行为,而犯意表示不构成罚罪。对于预备犯,可以比照既遂犯从轻、减轻处罚或者免除处罚。

(二)犯罪未遂

犯罪未遂是已经着手犯罪,由于犯罪分子意志以外的原因而未得逞的一种犯罪停止形态。对于未遂犯,可以比照既遂犯从轻或者减轻处罚。

(三)犯罪中止

犯罪中止是指在犯罪过程中,自动放弃犯罪或者自动有效地防止犯罪结果发生的,是犯罪中止。对于中止犯,没有造成损害的,应当免除处罚;造成损害的,应当减轻处罚。

五、共同犯罪

(一)共同犯罪的概念

共同犯罪指二人以上共同故意犯罪。构成共同犯罪应当具备以下条件:(1)犯罪主体必须是两个或两个以上达到刑事责任年龄、具有刑事责任能力的人;(2)各个共同犯罪人必须具有共同的犯罪行为;(3)各个共同犯罪人必须具有共同的犯罪故意。

(二)共同犯罪人的种类及其刑事责任

根据共同犯罪人在共同犯罪中所起的作用,把共同犯罪人分为主犯、从犯、胁从犯、教唆犯四种。(1)主犯,是指组织、领导犯罪集团进行犯罪活动或者在共同犯罪中起主要作用的共同犯罪人。应按其所参与的全部犯罪处罚。3人以上为共同实施犯罪而组成的较为固定的犯罪组织,是犯罪集团。对组织、领导犯罪集团的首要分子,按照集团所犯的全部罪行处罚。(2)从犯,指在共同犯罪中起次要或者辅助作用的共同犯罪的人。应当从轻、减轻或者免于处罚。(3)胁从犯,指被胁迫参加犯罪的共同犯罪人。因其在共同犯罪中处于被动地位、罪行也比较轻。应当按照其犯罪的情节减轻或免除处罚。(4)教唆犯,教唆他人犯罪的,应当按照他在共同犯罪中所起的作用处罚。教唆不满18周岁的人犯罪的,应当从重处罚。如果被教唆的人没有犯被教唆的罪,对于教唆犯,可以从轻或者减轻处罚。

六、单位犯罪

(一)概念

公司、企业、事业单位、机关、团体实施的危害社会的行为,法律规定为单位犯罪的,应当负刑事责任。

(二)对单位犯罪的处罚

我国刑法在处罚单位犯罪时采用"两罚制"原则。即对单位犯罪既处罚单位,又处罚其机关的自然人或者行为人。

单位犯罪的刑罚具体为:(1)对单位判处罚金;(2)对其直接负责的主管人员和其他直接责任人判处刑罚,包括判处可以适用于自然人犯罪的一切刑罚方法;(3)刑法分则和其他法律另有规定的,依照规定。

七、刑罚

(一)刑罚的种类

刑罚分为主刑和附加刑。主刑有管制、拘役、有期徒刑、无期徒刑和死刑。属于主刑的刑种只能独立适用。附加刑有罚金、剥夺政治权利和没收财产。附加刑的各个刑种既可以独立适用,也可以作为主刑的附加刑适用。另外,对于犯罪的外国人,可以独立适用或者附加适用驱逐出境。

(二)量刑情节

量刑是刑事审判活动的一个基本环节,指人民法院依法对犯罪分子裁量决定刑罚的活动。对于犯罪分子决定刑罚的时候,应当根据犯罪的事实、犯罪的性质、情节和对于社会的危害程度,依照刑法的有关规定判处。具体来说,就是人民法院根据犯罪的事实、犯罪性质、犯罪情节和对社会的危害程度,依法决定对犯罪分子的刑罚。

1.累犯

累犯,是指因犯罪受到一定刑罚处罚,在刑罚执行完毕或者赦免以后,在法定期限内又犯一定之罪的犯罪人。累犯分为一般累犯和特别累犯两种。一般累犯是指被判处有期徒刑以上刑罚的犯罪分子,刑罚执行完毕或者赦免以后,在 5 年以内再犯应当判处有期徒刑以上刑罚之罪的,是累犯,应当从重处罚,但是过失犯罪和不满 18 周岁的人犯罪的除外。以上规定的期限,对于被假释的犯罪分子,从假释期满之日起计算。特别累犯是指危害国家安全犯罪、恐怖活动犯罪、黑社会性质的组织犯罪的犯罪分子,在刑罚执行完毕或者赦免以后,在任何时候再犯上述任一类罪的,都以累犯论处。

2.自首与立功

自首,是指犯罪分子在犯罪以后自动投案,如实交代自己的罪行,并接受国家审查和裁判的行为。对于自首的犯罪分子,可以从轻或者减轻处罚。其中,犯罪较轻的,可以免除处罚。被采取强制措施的犯罪嫌疑人、被告人和正在服刑的罪犯,如实供述司法机关还未掌握的本人其他罪行的,以自首论。立功,是指犯罪分子揭发他人犯罪行为,查证属实的,或者提供重要线索,从而得以侦破其他案件的情形。犯罪分子有立功表现的,可以从轻或者减轻处罚;有重大立功表现的,可以减轻或者免除处罚。

3.数罪并罚

数罪并罚,是指一人犯数罪,人民法院对其所犯之罪分别定罪量刑后,按照法定的原则,决定应当执行的刑罚。所谓数罪,就是行为人出于数个犯罪故意或过失,实施了数个犯罪行为,即具备了数组犯罪构成要件。所谓并罚,就是对一个人的犯的数罪,依照刑法分则的规定,分别确定罪名和刑期,除判处死刑和无期徒刑以外,应当在总和刑期以下,数罪中最高刑期以上,酌情决定执行的刑期。

(三)执行刑罚

1.缓刑

缓刑,是指被判处一定刑罚的犯罪分子,在其具备法定条件的情况下,附一定考验期地暂缓执行原判刑罚,当犯罪人满足一定条件后,便不再执行原判刑罚。如果违反了应当遵守的规定,则撤销缓刑,原判刑仍要执行的一种刑罚制度。缓刑不是刑种,而是刑罚具体运用的一项制度。

2.减刑

减刑,是指被判处管制、拘役、有期徒刑、无期徒刑的犯罪分子,在执行期间,如果认真遵守监规,接受教育改造,确有悔改表现或者立功表现,将其原判刑罚予以适当减轻的一种制度。

3.假释

假释,是指对判处有期徒刑或者无期徒刑的犯罪分子,在执行了一定的刑期以后,如果确有悔改表现,不致再危害社会,附条件地予以提前释放的制度。

以案释法

紧急避险所损害的利益必须小于所保护的利益

【案情介绍】某日,林某驾驶一辆卡车回家,当行至某弯道处时,迎面高速开来一辆载满乘客的大客车,由于路面又滑又窄,眼看就要相撞,林某急向右打方向盘,车将路旁的一根输电线撞倒,致使正在维修电线的某供电局职工吴某摔伤,自己汽车的发动机、水箱报废。

【案例评析】紧急避险是指为了使国家、公共利益、本人或者他人的人身、财产和其他权利免受正在发生的危险,不得已而采取损害另一较小的合法利益的行为。成立紧急避险必须合乎以下条件:(1)起因条件,即必须存在着现实、客观的危险。(2)时间条件,即必须是危险正在发生,而且没有其他方法可以避免危险侵袭时实行。(3)目的条件,即必须是为了保护国家、公共利益、本人或者他人的人身、财产和其他权利免受正在发生的危险。(4)对象条件,即避险行为是针对无辜的第三者实施的。(5)限度条件,即不能超过必要的限度造成不应有的损害。所谓必要的限度,是指紧急避险所损害的利益必须小于所保护的利益。林某为了避免与客车相撞的危险,选择了撞倒电线杆,虽然造成了一人受伤和相关财产损失的后果,但保护了更大的利益,属于紧急避险,不负刑事责任。

第三节　行政法律知识

一、行政法概述

（一）行政法的概念

行政是指国家行政主体依法对国家和社会事务进行组织和管理的活动。行政具有国家意志性、执行性、法律性和强制性的特征。行政法是调整国家行政管理的法律规范的总和。行政法以行政关系为调整对象，其目的是保障国家行政权运行的合法性和合理性。

（二）行政法的基本原则

行政法的基本原则包括：(1)合法行政原则；(2)合理行政原则；(3)程序正当原则；(4)高效便民原则；(5)诚实守信原则；(6)权责统一原则。

（三）行政法的渊源

行政法的渊源指来源不同的行政法规范表现形式，分为一般渊源和特殊渊源。行政法的一般渊源：宪法；法律；行政法规；地方性法规；自治条例、单行条例；部门规章与地方政府规章。行政法的特殊渊源：法律解释（有权解释包括立法解释、司法解释、行政解释、地方解释）；其他规范性文件；国际条约、惯例。

二、行政法律关系主体

行政法律关系主体是指行政法律关系中权利的享有者和义务的承担者，也称为行政法律关系当事人，包括行政主体和行政相对人。

（一）行政主体

1.行政主体的概念

行政主体是指能以自己名义行使国家行政职权，做出影响公民、法人和其他组织权利、义务的行政行为，并能由其本身对外承担行政法律责任，在行政诉讼中通常能作为被告应诉的行政机关和法律、法规授权的组织。

2.行政主体的范围

我国的行政主体具体包括：国务院、国务院的组成部门、国务院直属机构、经法律法规授权的国务院办事机构、国务院部委管理的国家局、地方各级人民政府、县级以上地方各级人民政府的职能部门、县级以上地方人民政府的派出机关、经法律法规授权的派出机构、经法律法规授权的行政机关内部机构和议事协调机构、经法律法规授权的其他组织。

（二）行政相对人

行政相对人是指行政管理法律关系中与行政主体相对应的另一方当事人，即被行政主体行为影响其权益的个人、组织。

1.行政相对人的权利

行政相对人在行政法律关系中主要享有下列权利：（1）申请权；（2）参与权；（3）了解权；（4）受保护权；（5）收益权；（6）受平等对待权；（7）陈述、申辩权。；（8）抵制违法行为权；（9）行政监督权；（10）行政救济权。

2.行政相对人的义务

在行政法律关系中，行政相对人对行政主体的义务主要有：（1）服从行政管理的义务；（2）协助行政主体正常执行公务的义务；（3）接受行政监督的义务；（4）遵守法定出现的义务。行政相对人无论是请求行政主体实施某种行政行为，还是应行政主体要求作出某种行为，均应遵守法律、法规、规章规定的程序。

三、公务员法

（一）公务员的概念及范围

我国《公务员法》第2条规定："本法所称公务员，是指依法履行公职、纳入国家行政编制、由国家财政负担工资福利的工作人员。"根据这一规定，我国公务员的范围，包括在国家权力机关、行政机关、审判机关、检察机关、执政党机关、人民政协机关以及民主党派机关中任职的除工勤人员以外的工作人员。我国对公务员的管理，坚持公开、平等、竞争、择优的原则，实行监督约束与激励保障并重；对公务员的任用，坚持任人唯贤、德才兼备的原则，注重工作实绩。

（二）公务员的条件

公务员的条件，是指担任公务员应当具备的法定要件或者法定资格。根据《公务员法》第11条的规定，公务员应当具备以下七个方面的条件：（1）具有中华人民共和国国籍；（2）年满18周岁；（3）拥护中华人民共和国宪法；（4）具有良好的品行；（5）具有正常履行职责的身体条件；（6）具有符合职位要求的文化程度和工作能力；（7）法律规定的其他条件。

（三）公务员的义务与权利

1.公务员的义务

公务员的义务,是指法律规定的公务员必须作出一定行为或者不得作出一定行为的约束与强制。

根据《公务员法》第12条的规定,公务员应当履行下列义务:(1)模范遵守宪法和法律;(2)按照规定的权限和程序认真履行职责,努力提高工作效率;(3)全心全意为人民服务,接受人民监督;(4)维护国家的安全、荣誉和利益;(5)忠于职守,勤勉尽责,服从和执行上级依法作出的决定和命令;(6)保守国家秘密和工作秘密;(7)遵守纪律,恪守职业道德,模范遵守社会公德;(8)清正廉洁,公道正派;(9)法律规定的其他义务。

2.公务员的权利

公务员的权利,是指法律规定的公务员在行使职权、履行公职的过程中,能够作出一定行为或者不作出一定行为的许可与保障。

根据《公务员法》第13条的规定,公务员享有下列权利:(1)获得履行职责应当具有的工作条件;(2)非因法定事由、非经法定程序,不被免职、降职、辞退或者处分;(3)获得工资报酬,享受福利、保险待遇;(4)参加培训;(5)对机关工作和领导人员提出批评和建议;(6)提出申诉和控告;(7)申请辞职;(8)法律规定的其他权利。

四、公务员的行政行为

（一）行政行为的概念和特征

行政行为是行政主体为实现国家行政管理目标而行使行政权力,产生行政法律效果的行为。行政行为具有以下特征:(1)服务性;(2)从属法律性;(3)裁量性;(4)单方性;(5)强制性。

（二）行政行为合法的要件

行政行为合法的条件包括:(1)行政行为的主体合法;(2)行政行为应当符合行政主体的权限范围;(3)行政行为的内容应当合法、适当;(4)行政行为程序合法;(5)行政行为的形式合法。

（三）行政行为的无效、撤销与废止

1.行政行为的无效

行政行为无效的条件：(1)行政行为具有特别重大的违法情形或具有明显的违法情形；(2)行政主体不明确或明显超越相应行政主体职权的行政行为；(3)行政主体受胁迫作出的行政行为；(4)行政行为的实施将导致犯罪；(5)没有可能实施的行政行为。

2.行政行为的撤销

行政行为撤销的条件：(1)行政行为合法要件缺损；(2)行政行为不适当。

3.行政行为的废止

行政行为废止的条件：(1)行政行为所依据的相应法律法规、规章、政策被依法修改、废止或撤销；(2)形势发生重大变化，原行政行为的继续存在将有碍社会政治、经济、文化的发展，甚至给国家和社会公共利益造成重大损失；(3)行政行为已完成原定目标、任务。行政行为废止的法律后果：行政行为废止后，其效力自废止之日起失效。

（四）行政行为的种类

1.行政许可

行政许可是指具有许可职权的行政机关对行政相对人提出的申请依法进行审查并作出是否赋予其从事某种活动的权利或资格的行为。主要形式有许可证、资格证、资质证、合格证、批准文件。行政许可的基本原则包括许可法定原则、公开公正公平原则、高效便民原则、权利救济原则、信赖保护原则、许可不得转让原则、许可与监督相结合原则。行政许可的法律依据是《行政许可法》。

2.行政处罚

行政处罚是指具有法定权限的行政主体依据法定的程序，对违反行政法律规范但尚未构成犯罪的行政相对人实施的行政制裁。

行政处罚法的基本原则包括处罚法定原则；处罚公平、公正原则；处罚与教育相结合原则；相对人救济权利保障原则。行政处罚的一般法律依据是《行政处罚法》。行政处罚的种类包括：警告；罚款；没收违法所得；没收非法财物；责令停产停业；暂扣或吊销许可证；暂扣或吊销执照；行政拘留；法律、行政法规规定的其他行政处罚。

3.行政强制

行政强制是指国家行政机关为了维护和实施行政管理秩序,预防与制止社会危害事件与违法行为的存在与发生,依照法律、法规规定,针对特定的公民、法人或其他组织的人身、行为及财产进行约束与处置;或在当事人拒不履行已经生效的行政行为的条件下,国家行政机关或人民法院,依法对负有履行义务的当事人采用相关强制手段,迫使其履行义务,或达到与履行义务相同状态的强制行为。行政强制分为行政强制措施和行政强制执行。

4.行政命令

行政命令,是指行政主体依法要求特定相对人进行一定的作为或者不作为的意思表示行为。如责令整改、责令停工、责令停产停业。

行政命令的特征包括:(1)行政命令是由行政主体作出的;(2)行政命令是一个行政行为;(3)行政命令是为行政相对人科以义务、设立具体行为规则;(4)行政相对人违反行政命令,可能引起行政主体对相对人的制裁;(5)行政命令是依法或依职权作出的。

5.行政征收

行政征收,是指国家行政主体凭借国家行政权,依法向行政相对人强制无偿地征集一定数额金钱或实物的行政行为。如行政征税、排污费征收等。

行政征收的特征包括:处分性、强制性、无偿性、法定性。

6.行政给付

广义上的行政给付包括供给行政、社会保障行政、财政资助行政。狭义上的行政给付仅指社会保障行政,即指行政主体在公民年老、疾病或丧失劳动能力等情况下,依照有关法律、法规、规章或政策的规定,赋予其一定的物质权益或与物质有关的权益的行政行为。行政给付包括:(1)抚恤金;(2)特定人员离退休金;(3)社会救济、福利金、最低生活保障费;(4)自然灾害救济金及救济物资。

7.行政奖励

行政奖励,是指行政主体为了表彰先进、激励后进,充分调动和激发人们的积极性和创造性,依照法定条件和程序,对为国家、人民和社会做出贡献或模范地遵纪守法的个人和组织,给予物质的或精神的奖励的行政行为。

8.行政确认

行政确认,是指行政主体依法对行政相对人的法律地位、法律关系或有关法律事实进行甄别,给予确定、认可、证明(或否定)并予以宣告的行政行为。

9.行政裁决

行政裁决,是指行政机关依照法律、法规的授权,对当事人之间发生的、与行政管理活动密切相关的,与合同无关的民事纠纷进行审查,并依法作出裁决的行政行为。

10.行政合同

行政合同是指行政主体为了便于行政管理,行政主体与行政相对人就特定事项签订的明确双方权利义务的协议。

11.行政立法

行政立法是指国家行政机关依照法律规定的权限和程序制定行政法规、行政规章的活动。它既有立法的性质,是一种从属性立法行为(准立法行为),又具有行政的性质。

(五)行政相关行为

1.国家行为

行政法上的国家行为,特指涉及重大国家利益,具有很强的政治性,因而排除在司法审查对象之外的统治行为。国家行为是涉及国家重大利益,具有很强的政治性的行为。国家行为与行政相关联,但不属于行政行为。

2.行政指导行为

行政指导是指国家行政机关在其掌管的事务范围内,对特定的行政相对人运用非强制手段,获得相对人的同意或者协助,指导行政相对人采取或不采取某种行为,以实现一定行政目的的行为。

3.行政调解行为

行政调解是指由国家行政组织出面主持,以国家政策和法律为依据,以自愿为原则,通过说服教育等方法,促使争议双方当事人友好协商、互让互利,达成协议,从而解决争议的行为。行政调解的种类包括治安纠纷调解、民事纠纷的调解、劳动争议的调解、赔偿争议的调解、交通事故的调解等。

五、行政赔偿

(一)行政赔偿概述

1.行政赔偿的概念

行政赔偿是指国家行政机关和行政工作人员或法律、法规授权行使行政权力的组织在行使职权时,违法侵犯公民、法人或其他组织的合法权益并造成损害,国家负责向受害人赔偿的制度。

2.行政赔偿的归责原则

行政赔偿的归责原则主要是指违法归责原则,国家只对违法行使职权的行为才承担赔偿责任,如果行使职权的行为是合法行为,国家不承担赔偿责任。

3.行政赔偿的范围

国家对行政行为和违法行使职权的事实行为造成的损害予以赔偿,具体包括对侵犯人身权的行政赔偿和对侵犯财产权的行政赔偿。

国家不承担赔偿责任的情形有:(1)国家行政机关工作人员与行使行政职权无关的个人行为;(2)因公民、法人或其他组织自己的行为致使损害发生的;(3)法律规定的其他情形。

(二)行政赔偿请求人和赔偿义务机关

1.行政赔偿请求人

行政赔偿请求人是指因行政机关及其工作人员违法执行职务而遭受损害,有权请求国家予以赔偿的人。赔偿请求人既可以是公民也可以是法人或其他组织。

行政赔偿中,有权提出赔偿请求的人有以下几种:(1)受到行政侵权的公民、法人或者其他组织;(2)受害人死亡的,其继承人和其他有扶养关系的亲属也可以成为赔偿请求人;(3)受害的法人或其他组织终止,承受其权利的法人或其他组织有权要求赔偿。

2.行政赔偿义务机关

行政赔偿义务机关,是指依法履行赔偿义务、接受赔偿请求、支付赔偿费用、参加赔偿诉讼程序的行政机关。

(三)赔偿方式

《国家赔偿法》规定了三种赔偿方式:(1)金钱赔偿,它是以货币形式支付赔偿金额的一种赔偿方式,支付赔偿金是国家赔偿的主要方式;(2)返还财产,是行政机关将违法占有或控制的受害人的财产还给受害人的赔偿方式;(3)恢复原状,是公民、法人或其他组织的财产因遭到违法分割或毁损以致破坏,若有恢复的可能,应由赔偿义务机关负责修复,能够返还财产或者恢复原状的,予以返还财产或者恢复原状。赔偿请求人请求国家赔偿的时效为2年,自国家机关及其工作人员行使职权的行为被依法确认为违法之日起计算,但被羁押期间不计算在内。

六、行政救济程序

(一)行政复议

1.行政复议的概念

所谓行政复议,是指行政相对方人(公民、法人和其他组织)认为行政主体的行政行为侵犯其合法权益,依法请求上一级行政机关或法定复议机关依照行政复议程序重新审查原行政行为是否合法、适当,并作出复议决定的活动。

2.可以提起复议申请的行政行为

可以提起复议申请的行政行为包括:(1)对行政机关作出的警告、罚款、没收违法所得、没收非法财物、责令停产停业、暂扣或者吊销许可证、暂扣或者吊销执照、行政拘留等行政处罚决定不服的;(2)对行政机关作出的限制人身自由或者查封、扣押、冻结财产等行政强制措施决定不服的;(3)对行政机关作出的有关许可证、执照、资质证、资格证等证书变更、中止、撤销的决定不服的;(4)对行政机关作出的关于确认土地、矿藏、水流、森林、山岭、草原、荒地、滩涂、海域等自然资源的所有权或者使用权的决定不服的;(5)认为行政机关侵犯合法的经营自主权的;(6)认为行政机关变更或者废止农业承包合同,侵犯其合法权益的;(7)认为行政机关违法集资、征收财物、摊派费用或者违法要求履行其他义务的;(8)认为符合法定条件,申请行政机关颁发许可证、执照、资质证、资格证等证书,或者申请行政机关审批、登记有关事项,行政机关没有依法办理的;(9)申请行政机关履行保护人身权利、财产权利、受教育权利的法定职责,行政机关没有依法履行的;(10)申请行政机关依法发放抚恤金、社会保险金或者最低生活保障费,行政机关没有依法发放的;(11)认为行政机关的其他行政行为侵犯其合法权益的。

3. 一并提起行政复议的行政行为

公民、法人或者其他组织认为行政机关的行政行为所依据的下列规定不合法，在对行政行为申请行政复议时，可以一并向行政复议机关提出对该规定的审查申请。包括：(1)国务院部门的规定；(2)县级以上地方各级人民政府及其工作部门的规定；(3)乡、镇人民政府的规定。以上所列规定不含国务院部、委会规章和地方人民政府规章。

4. 不能申请行政复议的事项

根据《行政复议法》的规定，不服行政机关作出的行政处分或其他人事处理决定的，依照有关法律、行政法规的规定提出申诉。不服行政机关对民事纠纷作出的调解或者其他处理的，依法就争议的民事纠纷申请仲裁或者向人民法院提起诉讼。以上两种事项，不能通过行政复议途径解决。

5. 行政复议管辖

对县级以上地方各级人民政府工作部门的行政行为不服的，由申请人选择，可以向该部门的本级人民政府申请行政复议，也可以向上一级主管部门申请行政复议。对海关、金融、国税、外汇管理等实行垂直领导的行政机关和国家安全机关的行政行为不服的，向上一级主管部门申请行政复议。对地方各级人民政府的行政行为不服的，向上一级地方人民政府申请行政复议。对省、自治区人民政府依法设立的派出机关所属的县级地方人民政府的行政行为不服的，向该派出机关申请行政复议。对国务院部门或者省、自治区、直辖市人民政府的行政行为不服的，向作出该行政行为的国务院部门或者省、自治区、直辖市人民政府申请行政复议。对行政复议决定不服的，可以向人民法院提起行政诉讼；也可以向国务院申请裁决，国务院依照《行政复议法》的规定作出的裁决为最终裁决，对此裁决不服不可以向人民法院提起诉讼。

对上述规定以外的其他行政机关、组织的行政行为不服的，按照下列规定申请行政复议：(1)对县级以上地方人民政府依法设立的派出机关的行政行为不服的，向设立该派出机关的人民政府申请行政复议；(2)对政府工作部门依法设立的派出机构依照法律、法规或者规章规定，以自己的名义作出的行政行为不服的，向设立该派出机构的部门或者该部门的本级地方人民政府申请行政复议；(3)对法律、法规授权的组织的行政行为不服的，分别向直接管理该组织的地方人民政府、地方人民政府工作部门或者国务院部门申请行政复议；

(4)对两个或者两个以上行政机关以共同的名义作出的行政行为不服的,向其共同上一级行政机关申请行政复议;(5)对被撤销的行政机关在撤销前所作出的行政行为不服的,向继续行使其职权的行政机关的上一级行政机关申请行政复议。有上述所列情形之一的,申请人也可以向行政行为发生地的县级地方人民政府提出行政复议申请,由接受申请的县级地方人民政府将申请转送有关行政复议机关,并告知申请人。公民、法人或者其他组织申请行政复议,行政复议机关已经依法受理的,或者法律、法规规定应当先向行政复议机关申请行政复议、对行政复议决定不服再向人民法院提起行政诉讼的,在法定行政复议期限内不得向人民法院提起行政诉讼。公民、法人或者其他组织向人民法院提起行政诉讼,人民法院已经依法受理的,不得申请行政复议。

(二)行政诉讼

1. 行政诉讼的概念

行政诉讼,是指公民、法人或者其他组织,即行政相对人,认为行政主体的行政行为违法,依法诉诸人民法院,人民法院据此在双方当事人和其他诉讼参与人的参加下,对行政案件进行受理、审理、裁判以及执行裁判等司法活动的总和,是司法机关解决行政争议的一种法律制度。

2. 行政诉讼的受案范围

公民、法人或者其他组织认为行政机关和行政机关工作人员的行政行为侵犯其合法权益,有权依照本法向人民法院提起诉讼。

人民法院受理公民、法人或者其他组织提起的下列诉讼:(1)对行政拘留、暂扣或者吊销许可证和执照、责令停产停业、没收违法所得、没收非法财物、罚款、警告等行政处罚不服的;(2)对限制人身自由或者对财产的查封、扣押、冻结等行政强制措施和行政强制执行不服的;(3)申请行政许可,行政机关拒绝或者在法定期限内不予答复,或者对行政机关作出的有关行政许可的其他决定不服的;(4)对行政机关作出的关于确认土地、矿藏、水流、森林、山岭、草原、荒地、滩涂、海域等自然资源的所有权或者使用权的决定不服的;(5)对征收、征用决定及其补偿决定不服的;(6)申请行政机关履行保护人身权、财产权等合法权益的法定职责,行政机关拒绝履行或者不予答复的;(7)认为行政机关侵犯其经营自主权或者农村土地承包经营权、农村土地经营权的;(8)认为行政机关滥用行政权力排除或者限制竞争的;(9)认为行政机关违法集资、摊派费用或者违法要求履行其他义务的;(10)认为行政机关没有依法支付抚恤金、最低生活保障待遇或者社会保险待遇的;(11)认为行政机关不依法履行、未按照约定履行或者违法变更、解除政府特许经营协议、土地房屋征收补偿协议等协议的;(12)认为行政机关侵犯其他人身权、财产权等合法权益的。除以上规定外,人民法院受理法律、法规规定可以提起诉讼的其他行政案件。

人民法院不受理公民、法人或者其他组织对下列事项提起的诉讼:(1)国防、外交等国家行为;(2)行政法规、规章或者行政机关制定发布的具有普遍约束力的决定、命令;(3)行政机关对行政机关工作人员的奖惩、任免等决定;(4)法律规定由行政机关最终裁决的行政行为。

3.行政诉讼的管辖

行政诉讼管辖是指上下级人民法院之间和同级人民法院之间受理第一审行政案件的分工和权限。它所解决的是公民、法人或其他组织认为在其合法权益遭受行政机关行政行为侵犯时,应当向哪一级哪一个人民法院起诉的问题。

我国《行政诉讼法》所规定的行政诉讼管辖的种类主要有级别管辖、地域管辖和裁定管辖。(1)级别管辖。基层人民法院管辖第一审行政案件。中级人民法院管辖下列第一审行政案件:①对国务院部门或者县级以上地方人民政府所作的行政行为提起诉讼的案件;②海关处理的案件;③本辖区内重大、复杂的案件;④其他法律规定由中级人民法院管辖的案件。高级人民法院管辖本辖区内重大、复杂的第一审行政案件。最高人民法院管辖全国范围内重大、复杂的第一审行政案件。(2)地域管辖。行政案件由最初作出行政行为的行政机关所在地人民法院管辖。经复议的案件,也可以由复议机关所在地人民法院管辖。对限制人身自由的行政强制措施不服提起的诉讼,由被告所在地或者原告所在地人民法院管辖。因不动产提起的行政诉讼,由不动产所在地人民法院管辖。两个以上人民法院都有管辖权的案件,原告可以选择其中一个人民法院提起诉讼。原告向两个以上有管辖权的人民法院提起诉讼的,由最先立案的人民法院管辖。(3)裁定管辖。裁定管辖是人民法院以裁定形式所确定的管辖。作为法定管辖的必要补充,裁定管辖主要包括移送管辖、管辖权转移与指定管辖制度。裁定管辖是对法定管辖的补充和变通,它既可以弥补法定管辖的不足,又可以解决因管辖问题发生的争议,以便适应司法实践中复杂多变的情况。

4.行政诉讼参加人

行政诉讼参加人是指行政诉讼当事人以及诉讼代理人的总称。诉讼当事人包括原告、被告、共同诉讼人和第三人;诉讼代理人包括法定代理人和委托代理人。行政诉讼中的翻译人、鉴定人、证人和法律规定的其他人,与诉讼没有法律上的利害关系,一般称为诉讼参与人,不具有诉讼参加人的法律地位。

5.行政诉讼程序

行政诉讼第一审程序是人民法院受理对行政案件进行初次审理的程序。

行政诉讼第二审程序,是人民法院审理当事人不服下级人民法院的一审裁判,依法提起的上诉案件的程序。

行政诉讼审判监督程序,是指当事人对已经发生法律效力的判决、裁定,认为确有错误的,可以向上一级人民法院申请再审,但判决、裁定不停止执行。

当事人的申请符合下列情形之一的,人民法院应当再审:(1)不予立案或者驳回起诉确有错误的;(2)有新的证据,足以推翻原判决、裁定的;(3)原判决、裁定认定事实的主要证据不足、未经质证或者系伪造的;(4)原判决、裁定适用法律、法规确有错误的;(5)违反法律规定的诉讼程序,可能影响公正审判的;(6)原判决、裁定遗漏诉讼请求的;(7)据以作出原判决、裁定的法律文书被撤销或者变更的;(8)审判人员在审理该案件时有贪污受贿、徇私舞弊、枉法裁判行为的。

行政诉讼的判决、裁定、决定:(1)行政诉讼判决是指人民法院代表国家对被诉的行政行为是否合法作出的具有法律约束力的判定以及对被诉行政行为的效力作出的权威性处理。行政诉讼判决可分为:维持判决;撤销判决;履行判决;变更判决;行政赔偿判决;确认判决。其中,撤销判决适用的五种情形指行政行为证据不足,适用法律、法规错误,违反法定程序,超越职权,滥用职权。(2)行政诉讼裁定是人民法院在行政诉讼过程中,针对行政诉讼的程序性问题所作出的裁判。(3)行政诉讼决定是人民法院对行政诉讼过程中就判决、裁定以外所涉及诉讼的事项作出的司法处理。

以案释法

行政机关作出的行政处罚要体现宽严相济

【案情介绍】2014 年 4 月,某市环保局根据群众反映某村水塘出现死鱼现象,对刘某建设经营的冷藏项目进行调查,发现其所建冷库生产面积 200 平方米,该项目未经环保部门批准,而且需要配套建设的环境保护设施未建成,主体工程未经验收已正式投入生产或使用,违反了《建设项目环境保护管理条例》第 16 条之规定;同时,经执法人员现场核实,该冷库正在更换制冷剂,处于停产状态,属减轻处罚情节。市环保局遂依据《建设项目环境保护管理条例》作出对刘某罚款 3 万元的行政处罚决定。刘某不服,申请行政复议后复议机关维持该处罚决定。刘某诉至法院,请求撤销市环保局的上述处罚决定。一审人民法院经审理后作出如下判决,被告市环保局决定对原告刘某罚款 3 万元并无不当,驳回原告诉讼请求。刘某上诉后,二审人民法院判决驳回上诉、维持原判。

【案例评析】本案是涉及判断行政裁量权行使的合理性的典型案例。行政裁量事关行政机关在法定幅度、范围内如何正确行使职权,是依法行政的内在要求。随着法治政府建设步伐的加快,对行政裁量权的规制显得日益重要。近年来,不少行政机关制定了详细的行政裁量标准,执法日趋规范,但"徒法不足以自行",规定再严密也不可能囊括实践中的所有情形,因此法律的实践也离不开执法人员结合具体情节的科学理解与准确适用。本案中,根据《建设项目环境保护管理条例》有关规定,涉案冷库属于仓储类是需报批环境影响报告表的项目,市环保局依据行政法规以及当地有关环保处罚裁量权量化标准,结合本案违法情节,考虑到该冷库用于仓储土豆,有季节性因素且调查当时正处于停产状态,故本着从轻处罚原则罚款 3 万元,体现了对行政裁量权宽严相济的适度把握,有一定示范意义。

第四节 劳动法律知识

一、劳动法

（一）概述

1. 立法宗旨

《中华人民共和国劳动法》（以下简称《劳动法》）是为了保护劳动者的合法权益，调整劳动关系，建立和维护适应社会主义市场经济的劳动制度，促进经济发展和社会进步，根据宪法制定的法律规范。

2. 适用范围

在中华人民共和国境内的企业、个体经济组织（以下统称用人单位）和与之形成劳动关系的劳动者，适用《劳动法》。国家机关、事业组织、社会团体和与之建立劳动合同关系的劳动者，依照《劳动法》执行。

3. 劳动者的基本权利

劳动者的基本劳动权利有：（1）劳动者有平等就业和选择职业的权利。这是公民劳动权的首要条件和基本要求。在我国，劳动者不分民族、种族、性别、宗教信仰，都平等地享有就业的权利。劳动者选择就业的权利是平等就业权利的体现。（2）劳动者有获得劳动报酬的权利。劳动报酬包括工资和其他合法劳动收入。（3）劳动者有休息休假的权利。休息权和劳动权是密切联系的。休假是劳动者享有休息权的一种表现形式。（4）劳动者有在劳动中获得劳动安全和劳动卫生保护的权利。劳动者在安全、卫生的条件下进行劳动是生存权利的基本要求。劳动安全、卫生权是一项重要的人权。（5）劳动者有接受职业技能培训的权利。劳动者不但要掌握熟练的生产技能，而且要懂业务理论知识。只有赋予劳动者这项权利，才能保障劳动者获得应有的知识的技能，更好地完成各项劳动任务。（6）劳动者享有社会保险和福利的权利。这是指劳动者在遇到年老、患病、工伤、失业、生育等劳动风险时，获得物质帮助和补偿的权利。享受社会保险和福利权，是享受劳动报酬权的延伸和补充。（7）劳动者有提请劳动争议处理的权利。这是劳动者维护自己合法劳动权益的有效途径和保障措施。（8）劳动者还享有法律、法规规定的其他劳动权利。包括组织和参加工会的权利,参与民主管理的权利,提合理化建议的权利,进行科学研究,技术革新和发明创造的权利等。

4.劳动者的基本义务

劳动者的基本义务有:(1)完成劳动任务;(2)提高职业技能;(3)执行劳动安全卫生规程;(4)遵守劳动纪律和职业道德。

二、劳动合同法

(一)概述

1.立法宗旨

《中华人民共和国劳动合同法》(以下简称《劳动合同法》)是为了完善劳动合同制度,明确劳动合同双方当事人的权利和义务,保护劳动者的合法权益,构建和发展和谐稳定的劳动关系,制定调整劳动合同关系的法律规范。

2.适用范围

中华人民共和国境内的企业、个体经济组织、民办非企业单位等组织(以下称用人单位)与劳动者建立劳动关系,订立、履行、变更、解除或者终止劳动合同,适用《劳动合同法》。国家机关、事业单位、社会团体和与其建立劳动关系的劳动者,订立、履行、变更、解除或者终止劳动合同,依照《劳动合同法》执行。

(二)劳动合同的订立

劳动合同分为固定期限劳动合同、无固定期限劳动合同和以完成一定工作任务为期限的劳动合同。

1.固定期限劳动合同

固定期限劳动合同,是指用人单位与劳动者约定合同终止时间的劳动合同。用人单位与劳动者协商一致,可以订立固定期限劳动合同。

2.无固定期限劳动合同

无固定期限劳动合同,是指用人单位与劳动者约定无确定终止时间的劳动合同。

3.以完成一定工作任务为期限的劳动合同

以完成一定工作任务为期限的劳动合同,是指用人单位与劳动者约定以某项工作的完成为合同期限的劳动合同。用人单位与劳动者协商一致,可以订立以完成一定工作任务为期限的劳动合同。

（三）劳动合同的解除

劳动合同的解除是指劳动合同当事人在劳动合同期限届满之前依法提前终止劳动合同关系的法律行为。劳动合同的解除分为协商解除、用人单位单方解除、劳动者单方解除等。

（四）劳动合同的终止

劳动合同的终止，是指符合法律规定的情形时，双方当事人的权利义务不复存在，劳动合同的效力即行消灭。

有下列情形之一的，劳动合同终止：(1)劳动合同期满的；(2)劳动者开始依法享受基本养老保险待遇的；(3)劳动者死亡，或者被人民法院宣告死亡或者宣告失踪的；(4)用人单位被依法宣告破产的；(5)用人单位被吊销营业执照、责令关闭、撤销或者用人单位决定提前解散的；(6)法律、行政法规规定的其他情形。

以案释法

强令冒险作业从业人员有权拒绝

【案情介绍】陈某是某工程队的起重工。2015 年 5 月 16 日，工程队承建某桥梁工程，陈某被派前往吊装水泥桥面板，因施工场地狭窄，将桥面板从载重车上吊到施工现场要跨过一条正在施工的道路，陈某向现场负责人提出，将正在路面上铺设水泥的工人暂时撤离现场才能吊运，负责人不与理会，命令陈某继续作业。陈某认为这样存在很大的安全隐患，可能会发生事故，于是坚持要求路面施工人员离开。现场负责人非常恼火，打电话给工程队队长，另派了一名起重司机吊运，同时决定以"不服从正常工作安排"为由，扣发陈某当天工资和当月奖金，陈某不服，向劳动争议仲裁委员申请仲裁，要求工程队补发被扣的工资和奖金。

【案例评析】用人单位与劳动者依法设立劳动关系后，用人单位有权根据生产需要对劳动者进行统一安排和指挥，劳动者负有服从指挥和管理的义务。但劳动者在一定条件下，享有拒绝权。根据《劳动法》第 56 条第 2 款规定，劳动者对用人单位管理人员违章指挥、强令冒险作业，有权拒绝执行；对危害生命安全和身体健康的行为,有权提出批评、检举和控告。本案中的用人单位在未撤离路面施工人员的情况下,强令陈某继续吊运是违反《劳动法》规定的。工人冒险作业会存在极大的安全隐患,危及路面施工人员的人身安全。陈某未进行吊装施工工作,是行使法律赋予的权利,不属于不服从正常工作安排的违反劳动纪律行为。因此,用人单位不应该扣发陈某的工资、奖金。《安全生产法》第51条规定:"从业人员有权对本单位安全生产工作中存在的问题提出批评、检举、控告;有权拒绝违章指挥和强令冒险作业。生产经营单位不得因从业人员对本单位安全生产工作提出批评、检举、控告或者拒绝违章指挥、强令冒险作业而降低其工资、福利等待遇或者解除与其订立的劳动合同。"本案用人单位违反本规定,强令陈某继续吊运是对支配管理权的滥用,劳动者当然有权利拒绝。综上所述,用人单位应当补发陈某的工资和奖金,并赔偿经济损失。

思考题

1. 民法的基本原则有哪些?

2. 刑法的管辖权包括哪些?

3. 行政法的基本原则有哪些?

4. 劳动者的基本权利有哪些?

法律链接　　权威解读　　专家观点　　本章自测